Golfia kevyesti

Golfia kevyesti

Esipuhe

Kirja on laadittu ajanvietteeksi ja muistin virkistämiseksi golffareille tai golfin harrastamisesta kiinnostuneille ja vähän muillekin. Jos kuitenkin joku muukin asiaa harrastamaton haluaa tutustua tai vahingossa joutuu perehtymään kirjaan, on kirjan loppuun kerätty lajin perustermistöä helpottamaan kirjan sisällön ymmärtämistä kohdassa: "Golf-termejä ja selityksiä".
Vakavasta asiasta huolimatta tätä kannattaa lukea hymyssä suin, Toivotan hauskoja lukuhetkiä!

© 2025 Jouni Palmgren
Kustantaja: BoD · Books on Demand,
Mannerheimintie 12 B, 00100 Helsinki, bod@bod.fi
Kirjapaino: Libri Plureos GmbH, Friedensallee 273,
22763 Hampuri, Saksa
ISBN: 978-952-80-9528-6

Sisältö:

01. Alkeet ja etiketit

Muistat varmasti kuin eilisen päivän ne alkuvaikeudet ja hankaluudet, jotka jokainen golfia harrastanut on kohdannut, ja jotka väistämättä löivät päin kasvoja ottaessasi ensimmäisiä askelia kohti golfarin unelmaa. Mutkattomin tapa selvitä siitä vähin vaurion oli Greencard -kurssin suorittaminen lyöntiharjoituksineen, golf -termien, golf etiketin ja sääntöjen pänttäämisineen.
Toisaalta, jos olit jo itsenäisesti tutustunut lajiin esimerkiksi mökkinaapurin kanssa, tuntuivat nämä säännöt elämälle vierailta ja vaikeilta ymmärtää ja hyväksyä, tiukkapipoisten keksimiltä ja harrastusta haittaavilta.

***

Golfkentällä pelaaja kysyy caddieltaan:
"Kerro, miten saisin lyöntiini enemmän tarkkuutta pituuden kärsimättä?"
Siihen Caddie vastaa: "No, mitäs jos kuitenkin yritettäisiin ensin osua siihen palloon."

***

Golfiin hurahtanut: Kun päätin aloittaa golfin, ajattelin, että se olisi rauhallinen, elegantti laji.

Tiedäthän - vähän kävelyä luonnossa, mukavaa jutustelua, ehkä joku 'lintubongaus' siinä sivussa.

Ensimmäisellä kierroksella löin draiverilla pallon suoraan metsään, toisella kerralla veteen, ja kolmannella kertaa onnistuin osumaan... puun kautta itseäni jalkaan."

Caddie kysyi: *"Haluatko apua lyöntien laskemisessa?"*

Sanoin: *"Ei tarvitse, lasken jo nyt traumat!"*

Parasta oli, kun joku sanoi: *"Golf on peli, jossa yritetään päästä mahdollisimman vähällä mahdollisimman kauas."*

Tunsin heti yhteyttä lajiin – niinhän minä juuri teen parisuhteissakin."

***

Naisgolffari:
Aloitin golfin, koska mieheni sanoi, että se olisi *'kiva yhteinen harrastus'*.

Kuulosti hyvältä. Ulkoilua, liikuntaa, ehkä skumppaa klubilla. Helppo nakki.

Mutta kukaan ei kertonut, että pallon pitäisi oikeasti mennä sinne suuntaan mihin lyöt.

Tai että mailoja on enemmän kuin minulla kenkiä. Ja ne pitää *tietää ulkoa*!

Mies selittää: *"Tämä on rautaseiska."*

Minä: *"No jos se ei toimi, kokeilen rautakasia - tai kenkää."*
Sitten hän sanoo: *"Lyö vaan rennosti."*
Aivan. Ihan kuin *rennosti* voisi lyödä, kun kolme sorsaa, kaksi eläkeläistä ja yksi orava arvioi suoritusta. Lopulta sain pallon reikään.
Mieheni kysyi: *"Kuinka monta lyöntiä meni?"*
Minä: *"Riittävästi. Mutta ei se määrä mitään, vaan se tyyli."*

***

Miksi aloitteleva golffari toi kentälle ämpärin ja potaatteja?
Koska joku sanoi, että tänään pitäisi harjoitella "chippaamista" - ja se luuli, että tehdään perunalastuja!

***

Mitä aloitteleva golffari sanoi ensimmäisen kierroksen jälkeen?
"Luulin, että tämä on rentouttavaa... mutta mailani on nyt puussa, pallot hukassa, kengät mudassa ja hermot hiekkaesteessä!"

***

Tässä kertomus Jaskasta, joka protestoi golfin etikettiä vastaan - tyylillä ja tahallaan:
Jaska oli mies, joka oli juuri löytänyt golfin. Mutta toisin kuin muut, hän ei tullut kentälle nöyränä oppilaana, vaan omana itsenään - eli verkkareissa, Crocseissa ja aurinkolasit päässä, vaikka satoi.
Heti tultuaan ensimmäiselle tiille hän ilmoitti:
"Jos tässä lajissa ei saa huutaa 'jee!', kun pallo lähtee suoraan, niin tässä on jotain vikaa."
Golfetiketti sanoo:
Ole hiljaa muiden lyödessä.
Pysy peliryhmäsi mukana.
Pukeudu siististi.
Jaska sanoi:
"Miksi mä olisin hiljaa, jos mä oon innoissani?"
"Jos ne pelaa hitaasti, niin mä menen ohi. En mä marketissakaan jää jonoon, jos itsepalvelukassa on tyhjä."
"Tämä on lenkki ja ulkoilua. Verkkarit on käytännölliset. Ja nämä Crocsit on vedenkestävät."
Kun kentän kapteeni huomautti pukeutumisesta, Jaska tokaisi:
"Golfhan on hienostunut laji. No mäkin oon hienostunut. Mä en sylje kentälle ja mun vaatteet on pestyt ja prässätyt."
Jaska perusti "Vapaan Golfin Liikkeen", jossa etiketti korvattiin ilolla, lyönneistä puhuttiin

kannustavasti, ja jokaisen birdien jälkeen soitet-
tiin pieni fanfaari puhelimesta. Jaskan motto:
 "Pallo ei katso asua – vaan asennetta!"

***

Aloitteleva golffari oli treenaamassa swingiä val-
mentajan kanssa. Valmentaja sanoi:
 ”Muista pitää pää alhaalla ja silmät pallossa!”
 Oppilas nyökkäsi, veti happea, ja swoosh – iski
maahan niin että multa pöllysi, mutta pallo ei
liikkunut mihinkään.
 Valmentaja huokaisi ja kysyi:
 ”Mitä tapahtui?”
 Golffari vastasi:
 ”Pidin pääni niin alhaalla, että näin toukan –
seurasin sitä ja yritin väistää sitä, mutta ei se on-
nistunut!”

***

Golf-pro opetti lyhyttä chippiä nuorelle naiselle.
 Hän sanoi:
 ”Nyt tähtäät suoraan lipulle ja annat lavan liu-
kua nätisti pallon alta. Älä purista liikaa – ren-
tous tuo hyvän tuloksen.”
 Nainen virnisti ja kysyi:
 ”Ai kuten treffit? Tarkkuutta, rentoutta ja toivo-
taan parasta?”

11

Pro naurahti ja sanoi:
”Juuri niin. Mutta golfissa et ainakaan jää ghostatuksi - täällä joku aina huutaa 'FORE!' ennen kuin osuu.”

***

Mikä ero on hyvän ja huonon golffarin välillä.
 Hyvä golffari osaa selittää huonot lyöntinsä...
 Huono ei edes yritä!

***

Mitä aloitteleva golffari sanoi, kun pallo lensi metsään?
 "Luulin, että 'out of bounds' tarkoittaa erikois-palkintoa!”

***

Miksi Stigu ei aluksi välittänyt golfin etiketistä?
 Koska hän luuli, että 'dress code' tarkoitti, että pitää pelata mekossa – ja Stigun mielestä se oli liian tiukka swingiin.
 Hän käytti bunkkeria hiekkakylpyyn, greeniä piknikkiin ja huusi 'Fore!' aina kun tilasi neljä olutta kerralla.
 Mikä sai Stigun muuttamaan mielensä?

Kun hän sai viimein birdien – ja tajusi, ettei se ollut oikea lintu, vaan tarkoitti, että otetaan birdie-pullosta. Ja se merkittiin tuloskorttiin.
Ja kun klubin kapteeni lopulta sanoi:
"Stigu, golf ei ole bileet – täällä ei skoolata jokaisen kurjan putin jälkeen."
Stigu vastasi:
"Ei vai? No sitten mun täytyy ruveta pelaamaan paremmin, että edes olisi syytä skoolata!"

02. Harjoitus tekee mestarin

Meillä jokaisella on käsitys siitä, miten tunnollisella harjoittelulla voimme parantaa peliämme ja hankkia siinä tarvittavaa varmuutta ja luottamusta omiin taitoihimme.

Joidenkin on välttämättä käytävä rangella aina ennen peliä, toisille taas on tarpeen verrytellä muutamalla chipillä ja putilla, luonnonlahjakkuudet taas... no onko niitä.

***

Harjoitus tekee mestarin – tai hermoraunion.

Mikko oli pelannut golfia kolme vuotta. Hänen avauksensa kiersivät enemmän raffia kuin väyliä, ja putit osuivat useammin kupin kiertäen reiän reunaan kuin sen pohjalle. Mutta Mikko ei lannistunut. Hän kuuli kaikkien sanovan: "Harjoitus tekee mestarin."

Niinpä hän meni rangelle – satoi tai paistoi. Hän hakkasi palloja niin paljon, että mailat kuluivat ja gripit irvistivät. Hän katsoi YouTubesta swingivideoita, kuvasi omansa, ja vertaili niitä hidastettuna. Välillä se näytti enemmän tanssilta kuin golfilta.

Sitten eräänä päivänä, kolmen vuoden tuskailun jälkeen, Mikko teki sen: birdien vaikealla parnelosella. Hän ei ollut uskoa silmiään. Pallo lensi suoraan, lähestymislyönti pysähtyi greenille ja putti upposi keskelle kuppia kuin se olisi ollut magnetoitu.

"Siitähän tuli mestarisuoritus!" totesi pelikaveri.

Mikko nyökkäsi. "Jep. Vain 4 000 rangepalloa, 70 hukattua palloa, muutama hajonnut maila ja yksi hermoromahdus siihen meni."

***

Mies tulee kotiin golfkierrokselta väsyneenä ja sanoo vaimolleen:

"Se oli elämäni pisin kierros."

"Montako reikää pelasit?" kysyy vaimo.

"Kaikki 18... mutta caddie kuoli kolmosväylällä, ja silti jatkoin loppuun asti!"

"Voi kauhea! Miksi ihmeessä et lopettanut?"

"No ei se niin helppoa ollut... joka reiällä se piti raahata mukana ja toistaa: Ei se lyönti noin mene, kokeile grippiä vähän alempaa..."

***

Miksi aloitteleva golffari käytti kypärää kentällä? Koska hänen 'holensa' oli useammin omassa päässä kuin viheriöllä!

***

Aloitteleva golffari meni rangelle ensimmäistä kertaa. Hän latoi pallot nätisti riviin, otti draiverin käteen ja pamautti ensimmäisen lyönnin - suoraan taaksepäin!
 Vieressä harjoitellut konkari vilkaisi häntä ja sanoi:
 ”No sehän oli erikoista...”
 Aloittelija vastasi iloisesti:
 ”Kiitos! Harjoittelen vielä tähtäystä, mutta peruutusvaihde toimii jo täydellisesti!”

***

Golf-treeneissä ei ole kyse vain svingin hiomisesta – vaan myös itseluottamuksen hitaasta murentamisesta pallon edessä. Ensimmäinen tunti menee siihen, että yrität näyttää siltä kuin tietäisit mitä teet. Toinen tunti menee siihen, että valmentaja tajuaa totuuden.
 "Muista pitää ranne rentona ja pää paikallaan!" sanoo pro, kun taas sinä mietit lähinnä, miten golfpallo voi olla niin pieni ja siihen niin vaikea osua.
 Range-treeni huipentuu siihen, että saat täydellisen lyönnin – kerran – ja sitten yrität seuraavat 45 minuuttia toistaa sitä, kunnes alat epäillä, että se oli pelkkä hallusinaatio.

Ja puttitreenit... Ne on kuin yrittäisi keilata keittoherneellä matolla, jossa on mäkiä, mutkia ja jokaisen reiän ympärillä näkymätön hylkimiskenttä. Mutta ei kannata masentua, se on vain harjoitusta kohti todellisuutta.

***

Golf-treeni on siitä kiva harrastus, että se opettaa nöyryyttä. Yksi huono lyönti ja alat suunnitella mailojen myyntiä. Yksi hyvä lyönti ja alat haaveilla PGA-kiertueesta.

***

Valmentaja sanoi, että swingini kaipaa pientä säätöä. Kolme tuntia myöhemmin se oli täysin eri laji – luultavasti frisbeegolf.

***

Golf on kuin parisuhde: tarvitset kärsivällisyyttä, toistoja ja joskus tekee mieli heittää koko hommalla vesilintua.

***

Matti, ensikertalainen, optimistinen mutta pihalla. Pro, kokenut golfvalmentaja, kärsivällinen mutta kyynistynyt. Kohtaus alkaa rangella.
Matti (innostuneena):
"No niin! Tänään musta tulee Tiger Woods... tai vähintään tiikerin serkku."
Pro (hymyillen):
"Hyvä asenne! Näytäpä sun svingi."
Matti ottaa asennon, heilauttaa – maila lentää kädestä ja katoaa nurmikkoon.
"Oho! Saanko kaksi lyöntiä, jos maila ei osu palloon?"
Pro:
"Itse asiassa... et. Mutta vaikutat luontaiselta frisbeekiekkoilijalta."
Matti nostaa pallon ja yrittää uudestaan – osuu maahan, maa pöllyää, pallo pysyy paikoillaan:
"Tämä on varmaan se kuuluisa 'maasvingi'?"
Pro:
"Sinne päin. Se on 'kentänhuoltotyötä'. Viikonloppuna voit siirtyä reikien kaivamiseen."
Matti:
"Milloin aletaan puttaamaan?"
Pro:
"Kun opit osumaan palloon. Jotkut tekevät sen jo kolmantena vuonna."
Matti:
"Voinko tehdä sen pelkällä mielikuvaharjoittelulla?"

Pro:
”Voit, mutta silloin suosittelen siirtymistä sha-
kin pariin.”

***

Golf-porukan omatoimiset 'herjoitukset' – viral-
linen kisa, jossa kiroilu on pakollista.
Kun golf-porukan pelitaso oli 'liian' korkea (lue:
kaikki osuivat puihin ja hiekkaesteisiin), päätet-
tiin, että normaalit säännöt eivät riitä. Ratkaisu?
Omatoimiset herjoitukset – kilpailu, jossa par-
haat (tai huonoimmat) solvaukset palkitaan!
Säännöt olivat yksinkertaiset:
Jokainen huonosti mennyt lyönti vaati vähintään
yhden luovaan kiroiluun perustuvan kommentin.
Bonuspisteet annettiin, jos:
 - Herjaus koski omaa suoritusta (esim. ”Tää
maila on varmaan tehty vitun jauhelihasta!”).
 - Siihen liittyi luova vertaus (esim. ”Mun golf on
kuin jäävuori – 90 % paskaa pinnan alla!”).
 - Naapurikentän vanhukset säpsähtivät.
Kisan kohokohdat:
Paras itsensä haukkuminen:
 ”Jos tää on golfia, niin mä oon kansainvälinen
supersankari.”
Parhaan vertauksen palkinto:
 ”Tää rata on kuin exäni – täynnä esteitä ja loput-
tomia pettymyksiä.”

Yleisöpalkinto: Naapurikentältä kuuluva 'Hitto soikoon!' -huuto.

Lopputuloksena oli kiroilun mestareita ja kaikki tiesivät, että golf on vain tekosyy kunnolliselle kiroilulle – ja ehkä yhden kaljan jälkeen vielä toiselle yritykselle.

 Huom.! Tämä kilpailu järjestettiin täysin omatoimisesti, eikä Golf-liiton virallisia sääntöjä loukattu. Paitsi ehkä henkisesti.

03. Olisiko aika mennä pro:lle

Pelasin vuosituhannen vaihteessa kaverini kanssa Peuramaan kentällä (Vanha Peura), kun väylän 17 aloituksessa draivini sai super-slaissin pitkälle mäntymetsikköön. Löin varapallon. Kävin etsimässä ensimmäistä avauspalloani ja havaitsin metsikön keskellä kyltin. Kävin uteliaana lukemassa sen. Siinä luki: "Olisikohan aika käydä pro:lla?". Ehkä se on sinullekin tuttu.

***

Pron suusta:
 "Avauslyönnissä tärkeintä on rentous – siksi minäkin yritän unohtaa, että pallo lensi viimeksi parkkipaikalle."
 "Muistakaa: raudalla ei lyödä kovaa – ellemme siis yritä kaivaa itseämme ulos kuopasta, jonka juuri itse teimme."
 "Chippaaminen on kuin keittäisi kahvia – pieni liike, mutta jos mokailet, kaikki katsoo sinua tuomitsevasti."
 "Bunkkeri ei ole ansa – se on hiekkaranta ilman aurinkoa, juomia ja elämäniloa. Lyö hiekkaa ja katso mihin se riittää"
"Puttaaminen on 90 % mentaalipeliä. Harmi, että mieleni luulee olevansa vielä bunkkerissa."

***

"Tervetuloa tunnille! Älkää huoliko, tänään ei opetella mitään liian vaikeaa – aloitetaan vaikka siitä, miten pidetään mailasta niin, ettei se lennä pidemmälle kuin pallo."

***

Pro: "Keskittykää joustavaan body-svingiin. Golfissa tärkeintä ei ole voitto, vaan se, että näyttää svingatessa hyvältä kuvissa."

***

Miten tunnistat aloittelevan golfarin kentällä? Hän huutaa "FORE!" ja silti osuu omaan kärryynsä.

***

Golf-pro piti yksityistuntia varakkaalle rouvashenkilölle, joka oli juuri aloittanut lajin. Pro näytti lyöntiasennon ja sanoi:
"Jalat hartioiden leveydelle, hyvä... nyt rentouta hieman otettasi."
Rouva vilkaisi häntä ja kysyi hymyillen:
"Kumpaa otetta tarkoitat?"

22

Pro punastui, mutta sai juuri ja juuri sanottua:
"Tällä kertaa... sitä, jolla pidätte mailasta kiinni."
Rouva virnisti:
"Hyvä tietää. Ajattelin jo, että tästä tulisi paras tunti ikinä – ennen kuin edes löisin palloa!"

***

Nuori nainen menee ensimmäistä kertaa golf-opetukseen. Pro kysyy:
"Onko sinulla mitään kokemusta golfista?"
Nainen vastaa:
"Vain sellaista, että joskus olen ollut caddienä poikaystävälle... mutta silloin keskityin enemmän hänen svingiinsä kuin omaani."
Pro hymyilee ja sanoo:
"Hyvä lähtökohta! Mutta tänään keskitytään siihen, että sinä saat pallon lentämään – eikä poikaystäväsi!"

***

Golf-pron vuosikello:
– Keväällä: "Tule nyt tunneille, niin ehdit oppia kaudeksi."
– Kesällä: "Tule nyt tunneille, ettei mene koko kausi pilalle."

23

– Syksyllä: "Tule nyt tunneille, niin ehdit oppia ensi kautta varten."
– Talvella: "Tule nyt tunneille, meillä on sisähalli ja paljon laskuja."

***

Oppilas: "Opettaja, pitäisikö mun lyödä pallo mun painopisteen alta?"
Golf-pro: "Jos vaan löydät sen painopisteen grilliruoan ja oluen alta, niin lyö siitä vaan."

***

Miksi golf-prot eivät koskaan pelaa korttia asiakkaidensa kanssa?
Koska ne ei osaa laskea tasoitustaan oikein missään pelissä.

***

Oppilas: "Miksi mun slice ei katoa?"
Golf-pro: "Se rakastaa sua liikaa. Pidät sitä mukana jokaisessa lyönnissä."

***

Mitä golf-pro sanoi oppilaalle, joka valitti jatkuvista huonoista avauksista?

"Sun pitäisi ehkä kokeilla heittää pallo suoraan metsään. Säästäisit aikaa."

***

Miksi golf-pro käyttää aina aurinkolaseja tunneilla?
Jottei oppilas näe, kuinka hän pyörittelee silmiään joka kerta, kun tämä svingaa.

***

Golf-pron motto: "Tee mitä rakastat, ja sinulla on lopulta varaa siihen... ehkä eläkkeellä."

***

Golf-pro herää, opettaa 8 tuntia svingiä, tekee iltavuoron rangella ja lopulta käy nukkumaan svigianalyysin pyöriessä päässä.
Toisin sanoen: Sama kuin Tik-Tokkaaja, mutta ilman seuraajia ja isoja tienistejä.

***

Golf-pron unelmapäivä: 4 tyhjää tuntia kentällä.
Golf-pron todellisuus: 4 tuntia selittämässä, että 'katse pallossa' ei tarkoita samaa, kuin 'tuijota sitä 5 minuuttia ennen svingiä'.

***

Mitä eroa on golf-prolla ja psykologilla?
– Psykologi laskuttaa enemmän, mutta vain toinen saa potilaat itkemään jo ennen ensimmäistä tuntia.

***

Tiedät olevasi golf-pro, kun...
...pystyt korjaamaan kymmenen eri svingivirhettä sekunnissa – mutta et omaasi.

04. Apinan raivolla

Lyönnin, varsinkin avauslyönnin, pituuden maksimointi on useimpien golffareiden päämäärä pitkillä väylillä. Se vaatii suurta mailanpään nopeutta svingissä ja jotta saavuttaisimme sen, yritämme lyödä niin lujaa kuin mahdollista – 'apinan raivolla'.
Siitä taas seuraa mitä hurjimpia lyöntikuvioita ja lopputuloksia, kun lyödessä unohtuvat muutamat pikkuasiat kuten: keskittyminen, tasapaino, swingin rytmi, tähtäys jne.

***

Eräänä aurinkoisena aamuna Timo, intohimoinen mutta hieman höpsö golffari, oli kentällä yrittämässä parannella lyöntejään. Hänen pelinsä ei sujunut kovin hyvin – hän löi apinan raivolla ja pallo meni milloin bunkkeriin, milloin vesiesteeseen, sitten hurja slaissi ulos kentältä ja lopulta hän paiskasi mailansa maahan ja alkoi noitumaan täysillä.
"Miksi tämä on niin älyttömän vaikeaa?!" hän ärjäisi ja löi mailallaan turhautuneena lähimpään puuhun.

Yhtäkkiä puusta kuului ääntä – "krrkh!" – ja seuraavaksi Timon päälle hyppäsi suuttunut apina! Se oli nähtävästi nukkumassa puussa, kunnes Timon raivokohtaus herätti sen. Apina rähisi, nappasi maasta mailan ja alkoi jahtaamaan Timoa kentän poikki. "Anteeksi, anteeksi!" Timo kiljui juostessaan kuin pikajuoksija, kun apina heilutti perässä mailaa kuin miekkaa.
 Lopulta Timo heitti taskustaan golfpallot apinalle rauhoittaakseen sen takaa-ajoa. Apina pysähtyi, tutki palloja uteliaana ja alkoi mätkiä niitä ympäriinsä – ja osui yllättäen suoraan viheriölle! Timo tuijotti ällistyneenä.
 "No huh, sinähän olet parempi golffari kuin minä," hän mutisi.
 Apina näytti tyytyväiseltä, nyökkäsi Timolle kuin golf-pro ja kipitti takaisin puuhun nukkumaan. Timo päätti ottaa oppia tapahtuneesta: golfissa kannattaa pitää mielialansa aisoissa ja jättää apinan raivo pois – tai ainakin tarkistaa, ettei puussa nuku raivoapinaa.
 Moraalinen opetus: Golf on välillä apinan työtä, mutta jätä apinan raivolla lyöminen oikealle apinalle, joka saattaa olla yllättäen parempi siinä kuin sinä!

***

"Golf on kuin villi yö: jos osut liian kovaa ja vää-
rässä kulmassa, joudut nesteeseen ja sinne ka-
toavat pallosi."

***

Eräänä kauniina päivänä golfkentällä oli mies,
jolla oli yksi iso ongelma – hän yritti aina lyödä
palloa niin lujaa kuin pystyi. Hänen mielestään
voima oli avain hyvään lyöntiin, ja jokainen hä-
nen swinginsä oli kuin Thorin vasaran iskeytymi-
nen maahan. Valitettavasti pallo lensi usein
metsään, vesistöön tai johonkin muuhun mah-
dottomaan paikkaan.
 Erääseen kierrokseen hänen mukanaan lähti
kokenut golf-pro, joka kärsivällisesti yritti neu-
voa miestä:
 ”Herra, golfissa tärkeintä on tarkkuus, ei voima.
Kohtaa pallo rauhallisesti ja anna mailan tehdä
työnsä.”
 Mies nyökkäsi, mutta kun hän asettui lyömään,
hän unohti kaiken ja heilautti mailaansa niin lu-
jaa, että hänen hattunsa lensi päästä ja hän pyö-
rähti ympäri. Pallo kuitenkin pysyi tiillä paikoil-
laan.
 ”No niin, nyt se meni ainakin suoraan! huudahti
mies ylpeänä.”
 ”Kyllä, paitsi että te ette lyönyt pikku palloa,
vaan sitä isompaa – ja turvetta, nauroi pro.”

29

Loppupelissä mies päätti kuitenkin ylpeänä pitää päänsä ja sanoi:
"Ei se mitään, golfissa tärkeintä on kuitenkin nauttia pelistä - ja minä ainakin nautin joka ikisestä heilautuksesta!"
Ja niin hän jatkoi matkaansa, hakien palloaan pensaikoista ja toistaen mielessään vanhaa viisautta: "Jos lyöt liian lujaa, joudut kävelemään pitemmän matkan."
Tarinan opetus: Golfissa (ja ehkä elämässäkin) on tärkeämpää osua oikeaan kohtaan kuin lyödä lujaa – mutta toisinaan on myös hauskaa heilauttaa kaikin voimin ja nauraa seurauksille!

***

"Golfissa, kuten rakastelussa, tärkeintä on hyvä svingi, rento putti... ja se, ettei laukaise liian aikaisin."

***

Matti oli ensimmäistä kertaa kierroksella uusien työkavereidensa kanssa. Hän oli päättänyt tehdä vaikutuksen ja lyödä täysillä jokaisella väylällä.
Eka väylällä draiveri viuhahti niin kovaa, että mailanpää meinasi irrota – pallo lensi 30 metriä vasemmalle pusikkoon.

Toisella väylällä sama juttu, mutta nyt pallo katosi taivaalle ja löytyi lopulta hiekkatieltä.
Kolmannen väylän jälkeen kaveri kysyi:
– "Matti, lyötkö sä aina noin kovaa?"
Matti vastasi:
– "En kai, koska joskus osunkin palloon."

***

Miksi golffari ei enää lyö täysillä?
Koska hän kyllästyi etsimään palloa naapureiden pihoilta.

***

Miten tunnistat aloittelijan golfkentällä?
Hän lyö täysillä - ja huutaa "FORE!" jo ennen kuin maila osuu palloon.

***

Miksi Tiger Woods ei lyö joka lyöntiä täysillä?
Koska hän tykkää voittaa, eikä hakata metsää.

***

Miksi golffari meni salille?
Jotta saisi vielä hurjempia sliceja aikaiseksi.

31

***

Mikä ero on ammattilaisgolfarin ja harrastajan välillä?
 Ammattilaisgolfari sanoo: "Löin juuri draivin 275 metriä suoraan väylää kohti, mutta sitten tuli pieni sivutuuli ja pallo kääntyi raffin puolelle."
 Harrastaja taas sanoo: "Löin täysillä ja pallo lähti kuin ammuttuna – suoraan puuhun! Mutta se oli mahtavin lyönti ikinä, koska osuin niin täydellisesti!"

***

Golfaaja valittaa kaverilleen:
 "Eilen oli ihan mahdoton päivä - joka ikinen lyönti meni väärään suuntaan!"
 Kaveri kysyy:
 "Mihin suuntaan sinun piti lyödä?"
Golfaaja vastaa: "Eteenpäin!"

05. Esteet ja vastukset

Golf on 90 % mentaalista peliä – ja loput 10 % on sitten sitä, kun omat ajatukset sabotoivat jokaisen lyönnin; 'Mitä jos...' -syndrooma.

***

Mies seisoo ensimmäisellä tiillä, heiluttelee mailaa ja kuuntelee omaa sisäistä monologiaan: "Jos lyön nyt kunnolla, pallo voi mennä suoraan väylälle... tai sitten se kiertää kuin häkämyrskyssä, lävähtää jonkun otsaan ja minut viedään oikeuteen. Ehkä parempi lyödä varovasti... Tai ehkä ei ollenkaan."
Lopputulos: Heikosti osutun pallon lentorata muistuttaa kännisen kärpäsen liikettä.

***

'En saa lyötyä lyhyitä putteja' -trauma:
Edessä on 1,5 metrin putti – helppo kuin heinänteko, ainakin teoriassa. Mutta pelaaja antaa aivojensa spekuloida:
"Tämä näyttää liian helpolta. Liian helppoa! Jokin on vialla. Ehkä viheriö on vinossa? Tai jalkani? Tai maapallon kulma? Varmaan joku tuijottaa minua. Hitto, nyt ne katsoo!"

Lopputulos: Puttauksen jälkeen pallo pomppaa reiän renkaalta kuin kärpänen, joka välttää tapon.

***

Bunkkeri on pelaajan henkilökohtainen vihollinen. Hiekkabunkkerissa hänen mielensä muuttuu sotaelokuvaksi:
 "Tämä ei ole enää hiekkaa – tämä on Vietnamin sademetsä, ja minä olen jumissa. Jokainen hiekanjyvä on vihollinen. Mailani on lapio, jolla kaivan omaa hautaani. Tästä ei selviä hengissä."
Lopputulos: Bunkkerista lentää enemmän hiekkaa kuin palloa, ja hänen pelitoverinsa huutaa: "Hei, sä et ole Pompeijin tuhossa – lyö jo se pallo ulos bunkkerista!"

***

Harvinaisen onnistunut avaus lensi väylälle, ja lyöjä sisimmässään alkaa kyseenalaistaa kaiken:
"Tuo oli varmaan sattuma. Tai väärä pallo. Tai mailani on huijaus. Tai minä olen huijaus. Kuka minä olen? Miksi golf?"
Seuraava lyönti menee suoraan järveen.

Lopputulos: Mielenrauha haudataan 18. väylän jälkeen. Kierroksen päätteeksi mies istuu klubin baarissa, tuijottaa oluttaan ja kuuntelee sisäistä ääntään:
"No, ehkä ensi kerralla... vaikka en usko siihen."

***

Golfin mentaaliset esteet ovat kuin sisäinen ääni, joka kertoo sinulle kaikista mahdollisista katastrofeista – mutta joskus paras tapa voittaa se on nauraa sille ja tilata toinen olut.

***

Golf on ainoa peli, jossa omat aivosi alkavat haukkua itseäsi kesken hyvän lyönnin.

***

Golf on siitä jännä laji, että vaikka väylä olisi suora ja reikä näkyvissä, silti moni päätyy metsään."

***

Esa ja Jarmo olivat pelanneet golfia joka lauantai jo vuosia. He eivät olleet erityisen hyviä, mutta

ottelut olivat heille enemmän terapiaa kuin ur-
heilua.

Yhtenä aamuna, sumuisella kentällä, Esa val-
mistautui lyömään avauslyöntinsä. Hän pysäh-
tyi, mietti hetken, ja sanoi:

"Jarmo, ootko koskaan miettinyt, että jokainen
golflyönti on kuin elämä itse? Sä suunnittelet,
tähtäät... ja silti pallo menee ihan mihin sattuu."
Jarmo nyökkäsi. "Ja jos käy tuuri, se päätyy vihe-
riölle."

Esa hymyili. "Tai järveen. Useammin järveen."

He nauroivat hetken, kunnes Esa löi. Pallo
lensi... suoraan kohti kentän viereistä puuta,
kimposi siitä, osui oravaan ja lopulta tipahti ta-
kaisin tiille.

Jarmo katsoi hiljaa palloa, sitten Esaa. "Ja tuo,
rakas ystäväni, oli taas yksi esimerkki elämästä."

***

Mirkku oli jo vuosia sietänyt miehensä Jarmon
golfinharrastusta - tai kuten hän sitä kutsui; "vih-
reällä kentällä vaeltelua pallon perässä kuin ek-
synyt kani".

Joka viikonloppu Jarmo katosi mailalaukku se-
lässä ennen kuin kahvi ehti tippua. Syntymäpäi-
vät, hääpäivät, jopa lasten valmistujaiset...
kaikki väistyivät, kun kenttä kutsui.

Eräänä lauantaina Mirkku sai tarpeekseen. Hän hiipi autotalliin ja vaihtoi Jarmon golfpallot kimalteleviin joulukoristepalloihin. "Saapahan vähän enemmän loistetta siihen peliin", hän mutisi.

 Seuraavana päivänä Jarmo palasi kentältä hämmentyneenä ja hiljaisena. "Kaikki pallot lensivät ihan minne sattuu, ja yksi räjähti bunkkerissa", hän kertoi. Mirkku nyökytteli myötätuntoisesti ja tarjosi lohdutukseksi suklaata - joka oli täytetty pieniä golfteemaisilla konfetteilla.

 Viimeinen niitti oli, kun Jarmo löysi rakkaan draiverin korvattuna vaaleanpunaisella lasten mailalla, johon oli teipattu lappu: "Kokoa mies perheesi, niin parannat handicappiasi."

 Ja kas – seuraavana sunnuntaina Jarmo jäi kotiin. Mirkku hymyili ja kaatoi kahvia. Golfkenttä sai olla rauhassa – ja niin oli Mirkun mielikin.

***

"Lääkäri, minulla on ongelma. Joka kerta kun lyön draiverilla, sattuu silmään."
 "Kokeile lyödä ilman tiitä?"

06. Hiekkabunkkerissa

Vaimoni pelaa golfia vain harvakseltaan, viimeisen vuoden aikana ehkä pari kierroksen puolikasta. Aiemmin hän pelasi jonkin verran useammin, mutta ei koskaan kilpailuissa, vain sen verran, että perhesopu säilyi. Eräillä näistä alkukierroksista hänen pallonsa päätyi väylän 16 väylän syvään greenibunkkeriin. Pienikokoisena hänestä ei näkynyt mitään bunkkerista, mutta hiekkaa roiskui ja pallo ilmestyi ylös kauniissa kaaressa greenille, pari pomppua ja se rullasi 20 metriä suoraan reikään. Hän selitti, että ei tiennyt bunkkerilyönnin olevan vaikea lyönti. Eihän se sitä olekaan – *ammattilaisille*.

***

Eräs keski-ikäinen herrasmies, Matti, päätyi eräässä kisassa hiekkabunkkeriin - ja ei mikään tavallinen bunkkeri, vaan sellainen, jossa hiekan määrä olisi riittänyt täyttämään rannalla koko kylän uimarannat. Hänen ensimmäinen yrityksensä oli niin raivokas, että hiekka pölisi ympäriinsä, mutta pallo pysyi paikoillaan kuin juuri hautaan haudattu aarre.
 Toisella yrityksellä hän heilautti mailaa niin lujaa, että hiekka lensi kuin tulivuoren purkaus -

osui hänen omille kasvoilleen ja osittain myös hänen mukanaan olleen kaverinsa silmään. Pallo palautui ehkä sentin päähän lähtöpisteestään.

Kaveri, hiekkaa silmäripsissään roikkuen, huudahti:

"Hei, meinasitko sä lyödä palloa vai rakentaa tänne hiekkalinnan?! "

Kolmannella yrityksellä Matti päätti käyttää 'filosofista lähestymistapaa'. Hän nojasi mailaan, huokaisi syvään ja sanoi:

"Tiedätkö, bunkkerilyönnit ovat kuin elämä… Vaikka yrität tehdä kaikkesi, poljet usein vain paikallasi."

Lopulta hän heitti mailansa bunkkeriin, otti taskustaan pallon, heitti sen viheriölle ja sanoi:

"Tämä on minun uusi strategiani. Ei enää tätä hiekkateatteria! "

Kaveri nauraen:

"No, ainakin säästät rahaa – et tuhlaa palloja, kun et edes yritä lyödä niitä!"

Opetus: Golfissa hiekkabunkkeri on paikka, jossa sekä kärsivällisyys että huumori koetellaan – ja joskus paras ratkaisu on vain nauraa omalle taitotasolle ja ostaa seuraavalla kierroksella lisää olutta.

***

"Hän sanoi, että pelaan golfia kuin ammattilai-
nen - aina syvällä bunkkerissa ja lapa väärässä
kulmassa."

***

Miksi aloittelija vei mukaan lapion golfkentälle?
 Koska hän kuuli, että bunkkerista pääsee ulos
vain kaivamalla!

***

Kilpailussa pelaaja löi pallonsa bunkkeriin. Hän
huusi caddielleen:
 "Hiekkaa!"
 Caddie vastasi:
 "Tiedän. Olen käynyt siinä samassa montussa
kolme kertaa tänään. Tervetuloa mukaan klubin
hiekkahoitoon!"

***

Miksi golffari otti ämpärin mukaan kentälle?
– Hän tiesi jo valmiiksi, että viettää päivän bunk-
kerissa ja ajatteli rakentaa hiekkalinnoja.

***

40

Mitä golffari sanoi pallolleen, kun se lensi bunk-
keriin?
"No niin, näköjään halusit rantapäivän."

***

Mikä on golffarin lempibiisi bunkkerissa?
"Stuck in the Sand Again."

***

Miten tunnistaa huonon bunkkerilyönnin?
 Kun joudut pyytämään palloasi ottamaan aurin-
korasvaa odottaessa.

***

Mitä golffari tekee, kun jää toistuvasti bunkke-
riin?
 Miettii vakavasti, pitäisikö vaihtaa laji rantapal-
loon.

***

"Jahas, kotiin löysi tiensä. Sinne se meni, hiekka-
laatikkoon."

***

Hyvä golffari osaa lyödä hiekkaa osumatta palloon, huono golffari lyö palloon ja saa uusinnan.

***

Miten tietää, että pelasi huonon kierroksen?
 Kun hiekkaa on kengissä, silmissä, hampaissa ja vielä vähän autossakin.

***

Miksi bunkkeri on kuin suomalainen juhannus?
Sieltä ei selviä kuivana eikä ilman kirosanoja.

***

Miten golffari lohduttaa itseään bunkkerissa?
 "No parempi tämä kuin toimistolla... tai no... ehkä."

***

Miksi hiekkaesteessä oleva golffari puhuu hiljaa?
 Koska hän ei halua herättää bunkkerissa uinuvia!

***

"Miksi tätä kutsutaan 'hiekkarannaksi'?".
"Koska haluat aina palata sinne takaisin!"

***

Kerran hiekkaesteessä hiekkalyönnin jälkeen
mailani jälki näytti niin pahalta, että joku kysyi:
'Onko tuo joku uusi hiekka-aura?'"

***

Mikä ero on amatöörillä ja ammattilaisella bunk-
kerissa?
 Ammattilainen tietää, että hiekkaesteessä ei
ole roomalaisia kylpylöitä – 'siellä ei kannata vii-
pyä!'

***

Golf-opettaja sanoi: "Hiekkaesteessä pitää rau-
hoittua."
 Oppilas vastasi: 'Miten ihmeessä voin rauhoit-
tua, kun olen hautautumassa kuin Pompeijin
asukas?'"

***

Golfkenttä, normaalisti rauhallisuuden ja hillityn
hienostuneisuuden tyyssija, muuttuu illan

hämärtyessä täysin toisenlaiseksi näyttämöksi. Paikallinen rikkaan suvun nuorimmainen, Leo, päättää järjestää kaikkien aikojen kesäjuhlat "Hiekkaa ja samppanjaa" -teemalla isänsä golf-klubilla.

Päivä lähtee käyntiin viattomasti: krokettia väylällä kahdeksan, DJ katoksessa väylän viereisessä bunkkerissa, ja caddiet tarjoilemassa konjakkia golfautoista. Väki saapuu puvuissa ja glitterissä – ja tietenkin yksi ystävä käsittää kutsun väärin ja saapuu oikeassa golfasussa, aiheuttaen välitöntä hilpeyttä (ja itselleen ikuisen lempinimen 'golf-pelle').

Ilta etenee - musiikki kovenee, draamakaaret kohoavat. Entiset parit törmäilevät viheriöillä, joku tanssii vesiesteessä, ja klubin presidentti saapuu täysin yllättäen tarkastuskäynnille juuri, kun joku on kiivennyt lipputangolle. Kaksintaistelu alkaa: karaokehaaste, jossa lauletaan suomalaisia iskelmiä latino-beatin rytmiin.

Mutta tragikomedian ytimessä on Leo itse. Hän yrittää epätoivoisesti pitää kaiken kasassa - bileet, ystävät, isänsä luottamuksen - mutta mikään ei mene suunnitellusti. Isän vanha golfpokaali särkyy ja sähkökatko sammuttaa musiikin juuri, kun Leo aikoo kosia entistä ihastustaan bunkkerissa. Hän tekee sen silti - megafonilla pimeydessä, samalla kun joku oksentaa bunkkeriin.

Aamulla on hiljaisuus. Bunkkerissa on samp-
panjapulloja, hylättyjä kenkiä ja yksi hymyilevä
golfsimulaattori, joka on mystisesti tuotu pai-
kalle. Isä (aikanaan ollut itsekin nuori golffari)
saapuu. Katsoo tyynesti tuhoa ja sanoo:
"Parempi tämä kuin se kerta, kun hajotit Jagu-
arini palasiksi mopolla vuonna 2017. Ja onneksi
ehditte saada paikat vielä kuntoon ennen seu-
raavaa kilpailua."

07. **Nesteessä**

Suomessa on golfkentät yleensä rakennettu ve-
sistöjen äärelle, jotta on mahdollisimman help-
poa ja edullista rakentaa kentälle paljon vesies-
teitä pelaajien kiusaksi. Siitä seuraa paljon ran-
gaistuslyöntejä ja niin on pelaaja 'nesteessä'...

***

"Caddie varoitti vesiesteestä, mutta enhän mä
osaa vastustaa kosteita vakoja."

***

"Sanoin vaimolle, että pääsin tänään vesiesteen
yli yhdellä – se vastasi, että hienoa, kun edes
golfkentällä onnistut yhdellä yrityksellä."

***

"Yritin useamman kerran lyödä vesiesteen yli –
mutta ilmeisesti pallot kaipasivat kosteaa kon-
taktia."

***

"Lyönnin piti mennä yli vesiesteen, mutta sinne meni ja pallo kastui – vähän niin kuin exäkin, kun näki mun draiverin."

***

"Vesieste vie pallot mennessään... vähän kuin treffit, jos avaus menee kosteikkoon."

***

"Vesiesteet ovat siitä petollisia, että ensin ne houkuttelevat... ja sitten ne upottavat kaiken."

***

Golfkentällä vesieste on alue, jossa voi olla vettä – esimerkiksi lampi, joki tai oja. Ne jaetaan kahteen tyyppiin:
 Normaali vesieste (sivulta tai suoraan pelattava, keltaiset paalut).
 Sivuvesieste (nykyisin kutsutaan "punaiseksi vesiesteeksi"), joka kulkee kentän sivulla eikä ole helposti pelattavissa suoraan esteen yli.
 Säännöt ja rangaistukset. Jos pallo päätyy vesiesteeseen eikä sitä voi pelata sieltä, pelaaja voi ottaa yhden lyönnin rangaistuksen ja:

Joko dropata pallon alkuperäisen lyöntipaikan taakse (linjassa lipun ja esteen kanssa).

Tai dropata esteen vierelle tiettyjen sääntöjen mukaan (esim. kahden mailanmitan sisällä punaisessa vesiesteessä).

Seuraavassa 'selkeämmät' selitykset:

Vesieste on kuin golfkentän oma 'älä mene sinne' -kyltti, jota pallo tietenkin rakastaa uhmata. Ne ovat kuin houkuttelevia keitaita, jotka vetävät palloja puoleensa magneetin lailla – ja varsinkin juuri silloin, kun kaikki näkevät.

Säännöt ja rangaistukset (tai vapaavalintaiset vesileikit)

Jos pallo päätyy veteen, sinulla on muutama vaihtoehto:

Kaivaa taskusta varapallo ja teeskennellä, ettei mitään tapahtunut.

Tiputtaa uusi pallo ja ottaa yksi lyönti rangaistusta – golfkielellä se on sama kuin myöntäisit, että luonto voitti taas.

Tai vaihtoehtoisesti voit yrittää pelata sen vedestä, mutta saatat päätyä enemmän kalastajaksi kuin golffariksi.

Bonus: Älä huoli, suurimmatkin ammattilaiset ovat joskus 'kastelleet' pallonsa. Ero on vain siinä, että he saavat siitä tv-aikaa – sinä saat ehkä naurut kaveriporukalta.

***

"Hei, miksi sinulla on uimahousut bägissä?”
 "Koska viime kerralla, kun sanoin 'Tämä on tila-
päistä vettä', joku tönäisi minut sinne!"

***

Kentälle oli satanut hulvattomasti edellisenä
päivänä ja osia kentästä oli tilapäisen veden val-
lassa. Seuraavana päivänä pelissä:
 ”Hei miksi sä sinnepäin löit, vaikka siitä varoitet-
tiin? Etkös nähnyt kylttiä?”
 ”Näin kyllä, siinähän luki, että ’TUL-VA!’”, vas-
tasi turkulainen pelaaja.

***

Mikä on ero ammattilaisgolffarin ja aloittelijan
välillä tilapäisessä vedessä?
 Ammattilainen mittaa etäisyyden lätäkköön,
aloittelija mittaa sen syvyyden.

***

Kun virallinen sääntökirja sanoo 'tilapäinen vesi',
mutta kentän hoitaja sanoo 'uusi järvenlasku'...
kannattaa ottaa uimahousut mukaan."*

***

Optimistinen golffari:
"Miksi hän heiluttaa mailaa lätäkössä?"
"Koska hän luulee, että jos huitoo tarpeeksi ko-
vaa, vesi haihtuu – ja silloin este on 'tilapäinen'!"

 # Golf on hauska harrastus

Kaikki alkoi siitä, kun Matti päätti, että nyt on aika hankkia uusi harrastus – sellainen rauhallinen, tyylikäs ja aikuismaisen hillitty. "Golf", hän sanoi, "sopii minulle täydellisesti." Hän ei kuitenkaan ollut vielä koskaan pitänyt kiinni golfmailasta, mutta mitäpä se haittaisi. Miten vaikeaa voi olla pienen pallon lyöminen isolla mailalla isolle nurmikolle?

Ensimmäinen kierros alkoi lupaavasti – eli aivan päin mäntyä. Ensimmäinen lyönti meni kyllä eteenpäin, mutta se osui kentän laidalla olevaan lokkiin, joka näytti sen jälkeen melko loukkaantuneelta, sekä henkisesti että fyysisesti. Toinen lyönti suuntautui kohti vesihazardia, johon Matti meni pelastamaan palloa – ja palasi sieltä ilman yhtäkään kuivaa kohtaa, mutta kolmen sammakon ystävänä.

Matti ei kuitenkaan lannistunut. Hän osti uuden hanskan, paremman mailan ja jopa hatun, jossa oli pieni tuuletin. Nyt hän näytti jo kokeneelta golfarilta – ainakin ulkoisesti. Kolmannella kierroksella hän onnistui saamaan pallon reikään... tosin se reikä oli kentänhoitajan kahvimukin pohja, eikä ihan virallinen väylä.

Kausi kului, ja Matti kehittyi. Hän oppi, että golfissa ei ole kyse vain pallon lyömisestä, vaan ennen kaikkea kärsivällisyydestä, keskittymisestä – ja huumorintajusta. Koska jos et pysty nauramaan itsellesi, kun yrität lyödä palloa ja osut omaan jalkaasi, golf ei ehkä ole sinun lajisi. Ja lopulta Matti huomasi, että vaikka hän ei koskaan voittanut kisaa tai päässyt alle sadan lyönnin, hän oli saanut jotain paljon arvokkaampaa: lukuisia tarinoita, uusia ystäviä ja kyvyn nauraa joka kerta, kun pallo kimposi puusta takaisin hänen suuntaansa.

Golf on hauska harrastus – varsinkin, jos ei ota sitä liian vakavasti.

***

Golfklubin baarissa istui kaksi herrasmiestä juomassa jälkipelit.

Toinen sanoi:

"Minun vaimoni sanoo, että rakastan golfia enemmän kuin häntä."

Toinen vastasi:

"Ai, sinunkin vaimosi on noin hyvä lukemaan viheriöitä?"

***

Klubin ilmoitustaululla luki:

"Kadonneita mailoja, kadonneita palloja, ka-
donneita hermoja – kaikki löytyvät caddiemaste-
rilta."

***

Kolme golffaria pelaa kierrosta. Ensimmäinen
lyö pallon veteen, toinen lyö sen hiekkaan, ja kol-
mas saa sen lentämään suoraan reikään.
 Ensimmäinen sanoo: "Tuuria!"
 Toinen sanoo: "Sattumaa!"
 Kolmas sanoo: "Näitteks? Mä just mietin ton
taktiikan jo eilen illalla!"

***

Golffari: "Sain uuden mailan vaimolta synttäri-
lahjaksi!"
 Kaveri: "Upeeta! Pelasitko jo sillä?"
 Golffari: "En vielä... mutta vaimo sanoi, että jos
pelaan hyvin, saan avata sen ensi vuonna uu-
destaan."

***

Miksi golffarit eivät koskaan pelaa yöllä?
Koska he pelkäävät, etteivät itse tai kukaan
muukaan näkisi, jos tulisi täydellinen onnistumi-
nen.

53

$$***$$

Tutkimuslaitokselta pyydettiin vertailua eri harrastusten ja golfin välisestä paremmuudesta ja vertailussa paljastui seuraavaa:

Juoksu: Helppo aloittaa, ei vaadi välineitä, mutta aivot hokevat joka askeleella 'miksi teen tätä'.
 Golf: Golfissa juokset vain, jos unohdit bägin autolle - eli ei lähes koskaan. Lisäksi golfkierroksella 10 km huomaamatonta kävelyä maastossa kuulostaa jo terveelliseltä ja sivistyneeltä.

Kuntosali: Rauta nousee, lihakset kasvavat, mutta myös ego kasvaa ja peiliin tuijottelu vie enemmän aikaa kuin itse treeni.
 Golf: Golfissa nostellaan mailoja ja itsetuntoa yhdellä hyvin osuneella draivilla - ilman että tarvitsee epäillä, onko se peili vai ikkuna.

Maalaus: Luovaa, terapeuttista, mutta kämppä on täynnä tauluja, joita edes koira ei arvosta.
 Golf: Golf on yhtä luovaa, etenkin kun yrittää selvitä metsiköstä kolmosella takaisin väylälle. Ja kukaan ei kysy "mitä sinä oikein yritit tällä kierroksella sanoa", toisin kuin taiteessa.

Videopelit: Jännittävää, kilpailullista ja halpaa,

mutta fyysinen kunto lähtee vaihtoon ja unirytmi on jo kadonnut.

Golf: Golfissa saat kokea pelin jännityksen, mutta ulkoilmassa, ja todennäköisesti silti enemmän kauhuefektejä kuin videopelissä, kun pallo ampaisee kohti viereisen väylän pelaajia (FORE!).

Teatteriharrastus: Sosiaalinen ja kehittää esiintymistä, mutta vain kerran saat kunnian esittää idioottia.

Golf: Golfissakin näytellään – etenkin kun vakuutat pelikaverille, että bogey oli 'ihan suunniteltu'. Ja esitystä riittää joka kierroksella.

Yhteenveto:

Golf on ainoa harrastus, jossa voit yhtä aikaa urheilla, harrastaa psykologiaa, kävellä kuin kuningas, huutaa kuin torimyyjä, ja tuntea itsesi sekä mestariksi että täydelliseksi tunariksi saman reiän aikana. Eikä siihen tarvita edes hikeä, vain hyvä hattu ja tarpeeksi varapalloja.

09. Kiusaa on pienikin kiusa

Golfkentillä voi joskus tavata golf-kiusaajan, jolle harmin aiheuttaminen tai ilkkuminen kanssapelaajien suoritukselle on tärkeämpää kuin itse golfin pelaaminen. Kiusa voi olla esimerkiksi sitä, että odottaa pelaajan lyövän lyöntinsä väärästä paikasta ja vasta sitten kertoo, että - saat rangaistuslyönnin. Tai sitten hän poimii pallosi omaan taskuunsa ja etsit sitä turhaan. Yleisin kiusa on puhuminen tai muu ääntely (huomaamattaan tai piittaamattomuuttaan) silloin, kun toinen pelaaja keskittyy lyöntiinsä. Kiusaaja on parhaimmillaan reikäpelissä, jolloin pelaat häntä vastaan (psykologista sodankäyntiä).
Yleisohje: Älä provosoidu!

***

Herra Haukka oli golf-kentän kiusaaja numero yksi. Hänen ilokseen kuului piilottaa muiden mailoja, huutaa "FORE!" ihan turhaan ja nauraa, kun joku haki palloa vesihaudasta ja lipsahti mutaan. Eräänä aamuna Haukka saapui kentälle virnistellen ja näki, että uusi pelaaja, herra Norrinen, oli tulossa ensimmäiselle reiälle.
"Vai että aloittelija", Haukka murahti. "Tästä tulee hauskaa."

Hän piilotti Norrisen uuden, kirkkaanpunaisen golf-mailan puskaan ja kätkeytyi itse pensaan taakse odottamaan. Mutta kun Norrinen huomasi mailan katoamisen, hän ei suuttunut vaan alkoi vain hymyillä.

"Niin no", Norrinen sanoi tyynesti, "taidanpa pelata tämän kierroksen ilman mailaa." Ja siinä samassa hän heitti pallon kädellään ilmaan ja löi sen täydellisesti eteenpäin - nyrkillään!

Haukka tuijotti suu auki, kun Norrisen pallo pomppi suoraan greenille. "M-mitä helvettiä?!" hän ähkäisi.

Norrinen kääntyi Haukkaan päin ja virnisti: "Oho, en tainnut mainita, että olin ennen ammattinyrkkeilijä ja eläkkeellä? Rystyseni kestävät iskuja."

Seuraavaksi Haukka yritti pilata Norrisen putin – mutta tämä potkaisi pallon pitkälle puhtaalla nilkkapotkulla kuin jalkapalloilija. Sitten Haukka piilotti Norrisen kengät – mutta tämä pelasi paljain jaloin ja sanoi, että se "paransi tasapainoa".

Viimeisellä reiällä herra Haukka, täysin epätoivoinen, hyppäsi Norrisen eteen ja karjui: "Etkö sää sitten mistään vihastu?!"

Norrinen taputti häntä olalle: "Ei kannata. Minulla on veli, joka on ammattiviulisti, ja serkku, joka on maailmanmestari frisbeegolfissa. Jos haluat, voin kutsua heidät mukaan seuraavalle kierrokselle?"

Herra Haukka luovutti. Hän antoi Norrisen mailan takaisin, osti hänelle burgerin klubin kabinetissa ja pyysi jopa neuvoja golfiin. Ja kentällä kerrotaan, että nykyään Haukka ei kiusaa ketään – paitsi joskus piilottaa oman mailansa, kun ei osu palloon, ja syyttää "golf-peikkoja".
Tarinan opetus: Älä kiusaa golf-kentällä, sillä joku saattaa olla entinen temppuja tekevä sirkustaikuri tai sitten hammaslääkäri, jonka putit porautuvat piiruntarkasti reikään.

***

Olipa kerran rauhallinen golfkierros, kunnes... Piru päätti tulla mukaan – ei pelatakseen, vaan kiusatakseen.
 Ensimmäisellä tiillä kaikki meni vielä hyvin, kunnes pelaaja veti täydellisen avauksen – suoraan 300 metriä... ja sitten pienen mäntytaimikon taakse, jonka piru oli 'unohtanut' lisätä kenttäkarttaan edellisenä yönä.
 Toisella väylällä putti oli matkalla kuppiin. Se pyöri, pyöri, ja... piru vain puhalsi kevyesti – pallo jäi reiän reunalle hymyilemään kuin se olisi tiennyt jotakin.
 Kolmannella väylällä tuli se klassinen: juuri kun pelaaja aikoi svingata, piru päästi yllättäen hanhen rääkymään metsiköstä. Tuloksena toppi,

hermoromahdus ja uusi maila, koska vanha lensi jokeen.

Ja bunkkerissa? Piru oli selvästi harjoitellut hiekkataidetta – jokainen lyönti toi lisää hiekkaa kenkiin, suuhun ja itsetuntoon, mutta ei palloa ulos.

Viimeisellä väylällä, kun pelaaja tarvitsi vain parin voittaakseen ystävät, piru teki lopullisen temppunsa: vaihtoi vaivihkaa pelaajan pallon tilalle sellaisen, joka kääntyy mystisesti vasemmalle, oikealle ja lopulta takaisin bägiin.

Lopputuloksena: +28, yksi palanut niska, kolme menetettyä palloa ja tarina, jota ei kukaan usko.

Mutta piru – se nauroi vedet silmissä bunkkerin takana ja lupasi tulla taas ensi viikonloppuna.

Ystävät ihmettelivät kanssapelaajan huonoa tuuria, mutta pelaaja itse tiesi, miksi...

***

Klubin vanha seniori saapui kentän parkkipaikalle Jaguaarillaan ja juuri hänen kääntyessään täyden parkkipaikan viimeiseen ruutuun, pyyhältää paikalle klubin nuori ja innokas pelaaja minillänsä ja parkkeeraa ruutuun Jaguarin nokan edestä.

Nuorukainen nousee autostaan ja huikkaa hilpeästi: "Näin se käy, kun on nuori ja vikkelä!"

Seniori katsoo äimänä, mutta painaa sitten kaasua, työntää autollaan minin pois ruudusta ja parkkeeraa Jaguaarinsa siihen hymähtäen: "Näin se käy, kun on vanha ja varakas!"

***

Yksi huvittavimmista ja ikimuistoisimmista tapauksista PGA-kiertueella sattui vuoden 2012 Honda Classic -turnauksessa, jossa pääosassa oli golflegenda Rory Sabbatini - tai oikeastaan hänen caddiensä... ja ankat.
Tapaus sattui, kun Sabbatini pelasi 15. väylällä. Väylän vieressä oli pieni lampi, josta yhtäkkiä hyökkäsi aggressiivinen hanhiparvi - kyllä, hanhia eikä edes pieni parvi - ja ne päättivät jostain syystä, että Sabbatinin caddie oli uhka. Caddie yritti juosta karkuun bägi selässään, mutta yksi hanhista lähti perään, nokki ja ajoi miestä ympäri väylää katsojien hurratessa ja nauraessa.
Caddie yritti samalla pitää bägin tasapainossa, mutta lopulta kaatui maahan kuin koomikko, ja hanskat lentelivät kuin Benny Hill -sketsissä. Sabbatini itse nauroi niin, että tuskin pystyi puttaamaan seuraavalla greenillä.
Hanhet eivät tunnetusti ole golf-faneja, ja niiden aggressiivisuus yhdistettynä täysin yllättävään ajojahtiin teki tilanteesta tahattoman koomisen.

Tilanne tallentui kameroille ja levisi nopeasti netissä viraaliksi.

 Sabbatinin caddie otti tilanteen huumorilla – ja kertoi myöhemmin olevansa valmis 'neuvottelemaan hanhien kanssa uudesta sopimuksesta'.

10. Sääntöjen tulkinnat

Golf-säännöt - tunnetusti se on kuin yhdistelmä oikeustiedettä, salatiedettä ja tragikomediaa. Golfareille järjestetään jatkuvasti sääntökoulutusta; säännöt muuttuvat ja niiden osaaminen on varsinkin kilpagolfarille elinehto.

Useat meistä ovat käyneet läpi tuomarikurssin ja tuomarikokeet, joka antaa (määräaikaisen) oikeuden tuomaroida tietyn tason kilpailuissa. Lopulta kuitenkin kaikkein kinkkisimmissä tilanteissa tarvitaan huippuasiantuntijan tulkintaa englanninkielisestä golfin sääntöraamatusta.

***

Golfin säännöt – 500 sivua ja silti kukaan ei tiedä, saako palloa liikuttaa kiveltä vai ei. Riippuu tietysti tilanteesta, paikasta ja otatko penaltyn.

Yksi pelaaja kertoi mulle, että hän luki golfin sääntökirjan kannesta kanteen. Sanoin: ”Oho! Mitä jäi mieleen?” Hän vastasi: ”Että mulla on nyt enemmän kysymyksiä kuin ennen.”

Golfissa on sääntö joka tilanteeseen – paitsi silloin, kun olet todella pulassa. Silloin kaikki vaan katsoo toisiaan ja sanoo: ”Kai tää menee spirit of the game -meiningillä?" tai ”Soitetaan Teittiselle!”.

‎***

Sääntöjen mukaan *rehellisyys* on tärkeintä - siksi pelaajat kertovat itse virheistään.

Eräs aloittelija kysyi: "Miksi golfissa merkitään omat tulokset?" Selitin, että tämä peli perustuu rehellisyyteen. Hän mietti hetken ja sanoi: "Eli jos huijaa, huijaa vain itseään?" Vastasin: "Juuri niin. Ja pelikaveria, klubia, sääntötoimikuntaa ja ehkä vielä Jumalaakin, mutta joo - lähdetään siitä itsestä."

***

Vesieste on paikka, jossa säännöt menevät hukkaan. Olet siis perusteellisesti nesteessä.

Pelaaja seisoi vesiesteen reunalla, katsoi palloa ja kysyi: "Voinko lyödä sen tuolta?" Sanoin: "Teknisesti joo, mutta todennäköisesti päädyt kalojen seuraksi."

Säännöissä on kyllä vaihtoehtoja – pudotus ja rangaistus tai sitten sankariteko, jota kukaan ei suosittele.

***

Out of bounds – eli sinne meni, eikä tule takaisin.

Joka kerta kun pallo menee OB:lle, aloitteleva pelaaja kysyy: "Miksei sitä voi vaan pelata sieltä?" Ja minä vastaan: "Koska golf haluaa opettaa meille elämän perussäännön: jos mokaat pahasti, aloitat alusta ja maksat siitä."

***

Sääntötulkinta – tai kuten minä sanon, golf-juridiikkaa ilman lakimiespalkkioita.

Joskus kentällä tulee tilanne, jossa kukaan ei tiedä mitä tehdä. Pelaaja ottaa sääntökirjan, lukee kolme sivua, ja toteaa: "Ahaa! Eli mun pitää ottaa vapaa droppi... kolmella rangaistuslyönnillä, seisoa yhdellä jalalla ja laulaa kansallislaulu?" Riippuu siis aina tulkitsijasta.

Epäselvässä tilanteessa tulkitaan pelaajan eduksi (pelaaja) tai sitten ei (kanssakilpailijat).

Sanoisin yleissääntönä: "Jos sääntö kuulostaa liian oudolta, se on varmaan ihan oikein."

***

Golfklubilla järjestettiin sääntöilta aloittelijoille.
Pro esitti kysymyksen:
"Mitä teet, jos osut pallolla vahingossa toiseen pelaajaan?"
Yksi kurssilainen nosti kätensä:
"Riippuu... Sattuiko hän näkemään kuka löi?"

***

Pelaaja A seisoo valmiina lyömään, mutta tuuli pyöräyttää pallon pois tiiltä. Pelaaja B huutaa:
"Kolmas lähtee!"
Tuomari saapuu paikalle ja toteaa:
"Ei, ellei pelaaja ole aloittanut lyöntiä. Tai ellei pallo ole pysähtynyt. Tai ellei kyse ole kentänhoitajan hengityksestä."
Pelaaja A: "Voisiko joku vaan kertoa, saanko lyödä vai joudunko vankilaan?"

***

Pelaaja lyö pallonsa suoraan lammen keskellä uiskentelevan sorsan selkään. Sorsa ui pallon kanssa toiselle puolelle ja tiputtaa sen kuivalle maalle.
Pelaaja kysyy: "Saanko pelata siitä, mihin se jäi?"
Tuomari: "Vain jos sorsa ei ollut ulkopuolinen vaikutin vaan tilapäinen este."
Pelaaja: "Entä jos se oli yhteistyöhaluinen eläin?"

***

Matti osuu lyönnillään puuhun, josta pallo kimpoaa takaisin hänen omaan otsaansa.
 Tuomari sanoo: "Ikävä kyllä, se lasketaan lyönniksi, vaikka se sattuikin."
 Matti: "Entä jos pallo palasi takaisin lähinnä moraalisista syistä?"

***

Kaveriporukka hyörii kentällä. Yksi pelaajista osuu pallollaan salamaniskun takia suoraan reikään.
 Tuomari: "Luetaan jumalalliseksi väliintuloksi. Ei lasketa HIO:ksi."
 Pelaaja: "Eli minun täytyy toistaa se ilman taivaallista apua?"

***

Tuuli heiluttaa lippua ja pelaajan varjo osuu palloon juuri kun hän lyö.
 Tuomari sanoo: "Rikkomusta ei tapahdu, ellei varjo ole pelaajan hallinnassa."
 Pelaaja: "Entä jos olen hallinnut sisäistä varjoani vuosia?"

***

Miksi golffari kantaa sääntökirjaa mukanaan kentällä?

– Koska koskaan ei tiedä, milloin joutuu lukemaan ääneen trillerin siitä, miten toimia, jos pallo jää kiinni oravanpesään, joka sijaitsee siirrettävän esteen päällä, vesiesteen reunassa, kahden mailanleveyden päässä greeniin päin.

***

Seuraavassa on ote fiktiivisestä teoksesta "Golfin vaihtoehtoinen sääntökirja – 18 reikää järjettömyyttä". Näitä voisi kuulla kentällä, kun joku yrittää selittää outoa lyöntiä tai vähän venyttää pelin henkeä:

§ 3.2.1 – Vesipinnan erityispykälä
Jos pallo jää kellumaan vesiesteeseen ja pelaajalla on mukanaan snorkkeli ja harava, hän saa yrittää lyöntiä veden päältä – mutta vain maanantaisin ennen klo 14:00. Ilman snorkkelia kyseessä on kahden lyönnin rangaistus ja märkä olo. (Tämä sääntö tunnetaan myös nimellä Aquagolfin poikkeuspykälä tai 'snorkkelisääntö'.)

§ 4.5.7 – Birdie Maximus -erikoistilanne
Mikäli pallo osuu kentän elolliseen lintuun ja päätyy reikään, kyseessä on Birdie Maximus.

Pelaaja saa kaksi reikää hyvitystä ja oikeuden nimittää itsensä "Sulkapäälliköksi" kierroksen ajaksi. (Tämä sääntö on erityisen suosittu lintubongareiden keskuudessa.)

§ 6.1.4 – Lippusoihdun muistosääntö

Hole-in-one suoritettu vasemmalla kädellä, silmät kiinni ja tuulen puhaltaessa oikealta antaa pelaajalle oikeuden viedä reiän lipun kotiin. Jos pelaaja lyö holarin sokkona takaperin, koko viheriö kuuluu hänelle. (Tästä on käyty oikeudellisia kiistoja.)

§ 7.3.3 – 'Unohda että näit' -kortti

Jokaisella pelaajalla on kerran kierroksessa oikeus julistaa lyöntinsä 'ei koskaan tapahtuneeksi'. Muut pelaajat eivät saa kommentoida, vaikka näkisivät pallon kimpoavan kolme kertaa puuhun ja osuvan kyykäärmeeseen. (Edellyttää vahvaa pokerinaamaa ja sopivaa silmäniskua.)

§ 9.9.9 – Golfkärryosuma ja jäätelödroppi

Mikäli pelaajan pallo osuu hänen omaan golfkärryynsä, hän saa siirtää pallon lähimmälle jäätelökioskille ilman rangaistusta – erityisesti, jos kyseessä on minttusuklaajäätelö.

§ 12.7.2 – Harmonisen hiljaisuuden pyyntö

Kolmen bogeyn jälkeen pelaajalla on oikeus pyytää 'täyshiljaisuusmoodia'. Tällöin muut pelaajat eivät saa puhua, liikkua tai edes räpäyttää silmiään lyönnin aikana. Hengenpidätysaika ei saa ylittää 90 sekuntia. (Tätä sääntöä kannattaa kokeilla vain huoltokärryjen lähellä.)

§ 13.3.6 – Laukkalöytö ja taskupeli

Mikäli pallo päätyy toisen pelaajan taskuun, se pelataan siitä, missä housut sillä hetkellä ovat. Pelaaja saa halutessaan lainata vastustajan vyötä vakauden lisäämiseksi. (Erityisen jännittävä sääntö kaksinpeleissä.)

§ 18.0.0 – Musiikkihäirinnän lieventämispykälä

Mikäli pelikaveri soittaa musiikkia kesken lyönnin, pelaaja saa yhden vapaalyönnin ja valita seuraavan kappaleen. Irvinistä saa viikon porttikiellon klubitalolle. (Mikäli kappale on Celine Dionia, saa kaksi vapaalyöntiä.)

11. Kysyvä ei tiedä minne eksyy

Golf-kentältä löytyy yllättäviä ja hyviäkin neuvoja. Aina kannattaa kysyä, mutta vastata kannattaa vain silloin, kun on varma, ettei saa neuvon antamisesta penaltia.

***

Analyytikko: "Mikä maila kannattaa ottaa 120 metrin lähestymiseen alamäkeen, vastatuuleen, tiistaina, iltapäivällä?"
Hän tekee merkinnän Excel-taulukkoon jokaisesta lyönnistään ja kysyy mailavalintoja kuin kyseessä olisi NASA:n laukaisusuunnitelma.
Vastaus: "Wedge ja rukous."

Filosofi: "Miksei pallo mene suoraan?"
Tää kaveri ei halua teknistä neuvoa vaan eksistentiaalista lohtua.
Vastaus: "Koska golfpallo, kuten elämäkin, valitsee oman polkunsa."

Fashion Golfer: "Onks tää bägi liian kevyt, pitäiskö ostaa uusi?"
Tyyli ennen tulosta. Hänellä on enemmän grippejä kuin kierroksia vuodessa.

Vastaus: "Jos bägi ei matchaa sun hanskan väriin, se on selkeä 'kyllä'."

Unelmoija: "Jos teen hole-in-onen harjoituskentällä, lasketaanko se?"
Unelmoija haluaisi kutsua kaikki juhlimaan, mutta tietää ettei se ihan oikea ole.
Vastaus: "Totta kai. Paitsi että ei. Mutta ehkä vähän. Osta silti kierros klubilla."

Syyttäjä: "Miksi toi lintu huusi just kun olin swingaamassa?"
Hän ei ole koskaan lyönyt huonosti omasta syystään. Aurinko oli liian kirkas, ruoho liian vihreää, ja caddie hengitti.
Vastaus: "Luonto on arvaamaton. Toisin kuin sun slice."

***

Golf-kentällä on yksi kultainen sääntö: "Älä häiritse toisten lyöntejä, äläkä valita hitaasta tahdista – mutta jos eksyt, kysy apua." Tästä huolimatta jokainen golffari tietää, että miesten ylpeys on usein vahvempi kuin heidän tekniikkansa. Eräänä kesäisenä lauantaina näin itse omin silmin, kuinka tämä periaate koetettiin rajusti.
"Onko tämä reikä vai lähikauppa?"

71

Eräs uusi pelaaja, jota kutsutaan vain 'Herra Kartalta Kadonnut', käveli määrätietoisesti väärään suuntaan. Hän oli jo kolmannen kerran juuttunut samaan hiekkaesteeseen, kunnes eräs kokenut golffari huusi:
"Hei, sinne! Etsitkö reikää 7 vai lähimpää ruokakauppaa?"
Herra K.K. pyöräytti silmiään:
"No enhän minä... Odotas, onko tässä Prisma lähellä?"
"Ei, mutta seuraava hiekkakuoppa on niin syvä, että siellä myydään jäätelöä."

***

GPS, metsäpeikko vai kännykkä?
Erään kerran naispariskunta etsi palloaan tiheiköstä. Toinen huusi:
"Käytä puhelinta, siellä on se pallonseuraajajuttu!"
Toinen vastasi:
"Ei toimi, puhelin luulee, että olemme jossain Ruotsin rajalla."
"No käytä sitten vanhaa kunnon menetelmää!"
"Mikä se on?"
"Huuda FORE! ja katso, huutaako joku takaisin 'OOO...UUU...TS!'"

***

Erään kerran näin, kuinka keski-ikäinen mies yritti epätoivoisesti löytää tiensä takaisin polulle. Hän tuijotti karttaa kuin se olisi ollut muinaisegyptiläinen papyrus. Lopulta hän kysyi ohikulkevalta:
"Anteeksi, olenko minä täysin hakoteillä?"
Vastaus oli myötätuntoinen:
"No, olet golf-kentällä, joten teknisesti ottaen kyllä. Mutta tämä on osa harrastuksen viehätystä!"

***

Apua saa, sitä vaan on uskallettava pyytää.
Kun itse olin eksynyt kentän sivussa olevaan metsikköön (syynä: 'seuraavaksi minä vaan kävelen suoraan tuonne noin...'), huomasin, että golffarit ovat oikeastaan ystävällisempiä kuin luulisi. Yksi vanha mestari huikkasi:
"Kaveri, jos tulet tänne päin, saat yhden ilmaisen vinkin!"
"Kiitos! Mikä se on?"
"Olisit kysynyt ajoissa."

***

Ja niin, golf-kentältä voi oppia elämänviisauksia:
1) Eksyminen on osa matkaa.

2) Kaikki tiet vievät vihdoin klubiravintolaan.
3) Jos joku sanoo "se on tuolla noin", käänny ja kävele päinvastaiseen suuntaan.
 P.S. Jos näet jonkun harhailemassa kentän laidalla, älä ohita – hän saattaa olla vain etsimässä elämänsä parasta lyöntiä... tai edesmennyttä golf-palloa.

***

Marja päätti 47-vuotiaana, että nyt riittää epätietoisuus. Hän oli kuullut golfista vuosia, katsellut joskus sivusilmällä, kun miehet puhuivat handicapistä, fadeista ja puttereista ja hän nyökytteli kohteliaasti, vaikka olisi yhtä hyvin voinut kuunnella sanskriittia.
 "Minä aion oppia kaiken golfista", hän ilmoitti päättäväisesti, Googlea ladaten kuin mailaa backsvingiin.
 Ensimmäinen ahaa-elämys tuli nopeasti:
 "Bägissä ei ole viiniä, vaikka se olisi loogista. Se on täynnä mailoja."
 Toinen oivallus iski kentällä:
 "Fore! ei ole palvelupyyntö, vaan varoitus siitä, että joku on juuri laukaissut lentävän tappovälineen väärään suuntaan."
 Kolmas ahaa-momentti tuli, kun hän kuuli, että "birdie" tarkoitti, että teki reiän yhden alle parin.

"Ai että tässä lajissa linnut ovat hyvä juttu? Entä jos teen 'kanan' eli viisi lyöntiä yli?"

Sitten aikansa harjoiteltuaan, Marja pelaa ensimmäiseen täyden kierrokseen kentällä. Marja oli varustautunut: golfhanskat, sääntökirja, aurinkovisiiri ja muistivihko. Nyt hän tarvitsi enää vastauksia.

Ensimmäisenä hän pysäytti klubilla kokeneen herrasmiehen, jolla oli pikeepaita ja kroppa kuin olisi viettänyt viimeiset 20 vuotta lähinnä lounasbuffetissa.

"Anteeksi, mutta miksi te kaikki näytätte siltä, että olette menossa joko sirkukseen tai grillaamaan?"

Toinen pelaaja hymyili kohteliaasti, mutta Marja jatkoi:

"Miksi teillä on eri maila jokaiseen tilanteeseen? Miksi ei vaan yhtä hyvää mailaa, kuten vaikka 'yleismaila' tai 'älymaila'?"

"Koska..." pelaaja aloitti, mutta Marja oli jo seuraavan luona.

"Miksi pallot ovat niin pieniä, mutta kentät niin suuria? Tämä on kuin yrittäisi löytää valkoisen homeopaattisen lääkkeen nurmikolta."

"Mikä se 'green fee' oikein on? Maksanko siis siitä, että saan kiusata itseäni neljä tuntia luonnossa?"

"Miksi bägin saa vetää kärryssä, mutta puolisoa ei? Toki mieheni ei mahdu siihen, mutta ajatus olisi kaunis."
Sitten hän hiljeni hetkeksi ja katsoi kenttää, jossa kolme pelaajaa tuijotti ruohotupsua vakavalla naamalla.
"Anteeksi vielä, mutta... miksi se yksi mies tähtää kaksi minuuttia (Marja katsoi kellosta), tekee kolme harjoitussvingiä, ja sitten lyö pallon suoraan pusikkoon? Eikö voisi vaan mennä suoraan metsään?"
Viimein joku tokaisi:
"Marja, oletko harkinnut curlingia?"
Mutta Marja vain nauroi ja kirjoitti muistiin uuden ahaa-elämyksensä:
"Golf ei ole laji, jossa opitaan nopeasti. Se on laji, jossa kysymysten määrä kasvaa sitä mukaa kun tiedät enemmän. Kuin elämä, mutta rumemmissa housuissa."

Marja oli ilmoittautunut klubin aloittelijakisaan nimeltä 'Syystuupparit Scramble'. Hän luuli, että 'scramble' viittasi brunssimunaan, mutta ajatteli menevänsä mukaan joka tapauksessa - golfia ja ehkä munia, miksipä ei?
Kilpailupäivänä hän pukeutui kuin Tiger Woods ja Sherlock Holmes olisivat saaneet yhteisen stylistin. Sherlock-hattu, tuuliliivi, ja hihassa muistilappu: "Muista hengittää."

Startin jälkeen hänen peliryhmänsä huomasi nopeasti, että tämä ei olisi nopea kierros.

"Miksi meillä on aikataulu mutta kukaan ei pysy siinä?"

"Saako viheriöllä tanssia, jos saa pallon reikään yhdellä putilla?"

"Voiko bunkkerista lyödä lusikalla jos se tuntuu turvallisemmalta?"

Kun hän pääsi lyöntivuoroon, hän kääntyi tuomarin puoleen:

"Jos osun palloon vahingossa harjoitussvingillä, lasketaanko se? Entä jos osun pelkällä katseella?"

Kolmannella väylällä hänen pelikaverinsa yritti keskittyä puttiin, kun Marja kuiskasi:

"Anteeksi, mutta miksi tätä peliä pelataan hiljaisuudessa, vaikka se aiheuttaa huutoa sisäisesti?"

Kilpailun puolivälissä Marja oli jo kirjoittanut muistivihkoonsa 43 kysymystä, muun muassa:

"Kuka päättää, mikä on reikäkohtainen par?"

"Onko hän koskaan nähnyt meitä pelaamassa?"

"Miksi bägin pohjalla on aina joku vanha banaani?"

"Onko olemassa tukiryhmä niille, jotka unohtavat pallonsa merkitä viheriöllä ja sitten tulevat uniin?"

Kilpailun jälkeen tuloskortissa luki: +38, yksi birdie, kuusi tuplabogia ja kolme kertaa, kun Marja melkein löi väärän pallon, koska 'ne kaikki näyttävät samalta, valkoisia kuin Iittalan lautaset'.

Mutta hän oli tyytyväinen. Illalla klubilla hän nosti skumppalasin ja ilmoitti:

"En voittanut pokaalia, mutta sain vastauksen yhteen kysymykseen: Miksi golf koukuttaa? Koska siinä mikään ei mene niin kuin ajattelet ja silti haluat yrittää uudelleen."

Ja sitten hän lisäsi:

"Entä muuten – kuka keksi, että 18 reikää on sopiva määrä? Miksei 3? Miksei 237, jos kerran ollaan hulluja?"

Suurin oivallus kuitenkin koitti eräänä sateisena iltapäivänä, kun Marja seisoi väylällä 13, mutaisissa kengissä, sormi kylmänä ja draiveri kädessä. Hän katsoi palloa, sitten taivasta, ja lopulta sanoi:

"Ahaa. Tämä laji ei olekaan urheilua. Tämä on uskonto. Ja minä olen juuri liittynyt lahkoon."

12. Tuomari on aina oikeassa

"Golf-tuomari on aina oikeassa – vaikka hänen silmälaseihinsa olisi jäänyt puolikas siitä viimeisestä gin-tonicistä."

***

Tässä yksi legendaarisimmista ja vaikeimmista golf-tuomarointitapauksista PGA Tourin historiassa: Tiger Woodsin tapaus - 2013 Players Championship.

Tiger Woodsin toinen lyönti 14. reiällä (par 5) osui puuhun ja putosi lähelle rantaa. Hänen lähestyessään palloaan, se näytti liikahtavan hieman, kun hän siirsi varjoaan. Tiger kutsui tuomarin ja kertoi, että pallo 'saattoi liikkua', mutta hän ei ollut varma.

Säännöt määräävät, että jos pelaaja itse aiheuttaa pallon liikkeen (esim. astumalla lähelle), hän saa rangaistuksen.

Jos pallo liikkuu luonnollisesti (esim. tuulen vuoksi), ei rangaistusta.

Videokuvaa tarkasteltiin, mutta ei voitu todistaa, kumpi vaihtoehto oli totta.

Tuomarin päätös:

Koska Tiger tunnusti epävarmuutensa, mutta videolla ei näkynyt selvää syytä (kuten jalan kosketusta), tuomari päätti olla rankaisematta.
Tiger jatkoi kierrosta normaalisti ja teki parin.
Jälkiseurauksena kohu ja keskustelu:
Monet asiantuntijat ja pelaajat väittivät, että Tigeria olisi pitänyt rangaista, koska pallo ei todennäköisesti liikahtanut itsestään.
Sääntömuutos:
Tapaus herätti keskustelua siitä, että PGA Tour alkoi käyttää enemmän videotarkistuksia epäselvissä tilanteissa.
Tigerin reaktio:
Hän sanoi myöhemmin, että "jos tuomari sanoo niin, niin se on niin", mutta myönsi, että tilanne oli erikoinen.

Jos tuomari olisi antanut rangaistuksen, Tiger olisi saanut yhden lyönnin lisää – ja olisi hävinnyt turnauksen yhden lyönnin sijasta kahdella.
Tämä tapaus jäi historiaan esimerkkinä siitä, kuinka pienetkin epäselvyydet voivat muuttaa tuloksia, ja kuinka golfissa tuomarin päätös on lopullinen - vaikka se herättäisi kiistaa.

***

Golf-tuomari on kuin jumala – hän näkee kaiken, vaikka kukaan muu ei sitä näekään... paitsi jos videotallenne on epäselvä. Silloin hän näkee sen, mitä hän haluaa nähdä."

***

Pelaaja:
"Mutta tuomari, minun palloni oli puolikkaan millin päässä reiästä! Ja sitten meni reikään."
Tuomari:
"Ja minun mitassani on puolikkaan millin... ja 10 sekunnin... tarkkuus. Sinun kohdallasi se on yksi lyönti lisää."

***

Kaksi golf-tuomaria istuu klubihuoneen baarissa ja nauttii 'sääntötarkistuksen' jälkeen oluita. Yhtäkkiä toinen huokaisee:
"Arvoisa kollega, muistatko, kun viime viikolla pelaaja väitti, että hänen pallonsa oli 'tilapäisessä vedessä' kun se oli uppoamassa lammikkoon?"
Toinen tuomari nyökkää vakavana, pyyhkii oljenkorren hiuksistaan ja vastaa:
"Kyllä muistan. Selitin hänelle kunnolla, että jos lammikko ei ole virallisessa kentän kartassa, se on pelaajan mielikuvituksen este – ja siitä sakko."

Ensimmäinen tuomari nauraa, kilistää oluttuop-
piaan ja jatkaa:
"Ja se toinen sankari, joka vaati 'vapaalyöntiä',
kun hänen pallonsa osui puuhun ja linnunpesä
kaatui päälle? Väitti, että se oli 'luonnonvoima'."
Toinen tuomari ryystää tuopistaan ja toteaa:
"No, selvästi hän ei tiennyt, että kaikki linnut
meidän kentällä on listattu hänen henkilökohtai-
siksi vihollisikseen. Yksi rangaistuslyönti ja pe-
sän korjaus velvollisuutena – sääntökirjan si-
vulla 42, alaviite 12b."
He nauravat yhdessä, ja baarimikko ehdottaa:
"Teidän pitäis kirjoittaa näistä kokemuksista
kirja..."
Tuomarit vaihtavat katseet ja toteavat synkästi:
"Me kirjoitimme. Se on golf-sääntökirja. Ja se on
pyhä."

13. Kuka päättää ja järjestää

Golfkenttien työnjako vaihtelee paljonkin kentän omistusrakenteen ja hallintomallin mukaan (esim. onko kyseessä osakeyhtiö, seura tai yksityinen kenttä), mutta yleisesti työnjako menee näin:

_ Päätöksenteko: Toiminta ja talous

Johto / Hallitus / Seuran johtokunta (riippuen organisaatiosta)

Vastaa strategisesta päätöksenteosta, pitkän aikavälin suunnittelusta ja taloudellisesta ohjauksesta.

Laatii tai hyväksyy budjetin, hinnaston, investointisuunnitelmat ja muut merkittävät päätökset.

Jos kenttä on osakeyhtiö, hallitus (ja toimitusjohtaja) on keskeisessä roolissa.

Jos kenttä on seuran hallinnoima, johtokunta (valitaan usein vuosikokouksessa) tekee linjapäätökset.

_ Toiminnan operatiivinen johtaminen

Toimitusjohtaja / Toiminnanjohtaja / Kenttäpäällikkö.

Käytännön operatiivinen johtaja, joka vastaa päivittäisestä toiminnasta.

Suunnittelee toiminnan aikataulut, henkilöstö-
resurssit, kilpailut, tapahtumat ja asiakaspalve-
lun.
Pitää yhteyttä hallitukseen ja raportoi toiminnan
tuloksista.
Vastaa henkilöstön johtamisesta ja yhteistyö-
kumppaneista (esim. ravintola tai pro-shop).
_ Toteutus ja käytännön työt
Kentänhoitajat (greenkeeperit), caddiemasterit,
asiakaspalvelu, pro, ravintolahenkilöstö
_Kentänhoito: Vastaa kentän kunnosta ja pelat-
tavuudesta (leikkuu, kastelu, bunkkerit, reiät).
_Caddiemasterit: Hoitavat ajanvaraukset,
asiakaspalvelun, kilpailut ja tiedotuksen.
_ Golfopettaja (pro): Tarjoaa opetusta, harjoi-
tusryhmiä ja junioritoimintaa.
_ Ravintola ja pro shop: Usein ulkoistettuja,
mutta tärkeä osa asiakaskokemusta.

***

Golf-kentällä on selvä työnjako: kapteeni päät-
tää – ja caddie järjestää.
Kapteeni (eli pelaaja) on kuin kuningas kentällä:
"Lyödään tonne!" – vaikka se olisi keskelle met-
sää. Caddie nyökkää, huokaisee sisäänpäin ja
kaivaa mailan, joka todennäköisesti on väärä,
mutta ainakin näyttää hyvältä kuviin.

Pelaaja päättää, että väylä on suora – vaikka se
kiemurtelee kuin käärme krapulassa.
 Caddie järjestää sen näyttämään siltä, kuin pe-
laaja olisi suunnitellut kaiken: "Juuri noin, herra
Kapteeni. Master-plääni etenee!"
Mutta kentän todellinen järjestäjä on tietysti...
golfpallo. Se menee, minne itse haluaa, ja saa
molemmat näyttämään hölmöiltä.
Lopulta:
-    Pelaaja päättää lyöntinsä.
-    Caddie järjestää mailan.
-    Ja pallo päättää kaiken muun.

***

Eräänä päivänä golf-kentän hoitaja huomasi,
että yksi viheriö oli täynnä outoja, syviä reikiä.
Hän ei ymmärtänyt, mistä ne olivat syntyneet,
kunnes eräs klubin jäsen tuli tunnustamaan:
"No... minä ja muutama kaveri olimme täällä
viime viikonloppuna hieman humalassa. Meillä
oli mukanamme muutama oluttölkki, ja pää-
timme pelata pikkuista 'lisäpeliä' - jokainen, joka
löi huti lyönnin, joutui kaivamaan reiän viheriöön
kädellään!"
 Hoitaja tuijotti miestä äimänä ja kysyi: "Miksi
ette vain maksaneet rangaistuslyöntejä kuten
normaalit ihmiset?"

Mies naurahti: "No, meidän pelissä rangaistus-
lyönti oli kaivaa reikä!"
 Kentän hoitajalta kesti koko kesän korjata vihe-
riöt, ja seuraavana vuonna klubin säännöissä
luki: "Olut sallittu, mutta kaivaminen kielletty."

***

Toisessa klubissa puistossa oli ongelma mäyrä-
kaivauksien kanssa. Ratkaisu? Kentänhoitajat
maalasivat muutaman "harjoitusreiän" viheriöi-
hin ja lisäsivät kyltin: "Mäyrän testireikä – älä
käytä". Kerrotaan, että monet golfaajat kiersivät
näitä reikiä kuin eivät olisi koskaan nähneet väis-
tämismerkkiä!
 Onneksi golf-kenttien hoidossa ei (usein) tar-
vitse toteuttaa näin hulluja ideoita – mutta jos-
kus ne saavat ainakin aikaan keskustelua!

***

Olimme muutama vuosi sitten seuran pelimat-
kalla Hangossa. Oli kaunis aurinkoinen pelipäivä
ja hanhet makoilivat tyytyväisinä ykkösväylän
ruohikossa. Keskityin aloitukseen ja huitaisin
draivin, joka lähestyi matalana hanhiparvea ja
muutaman pompun otettuaan kopsahtikin yh-
den hanhen kylkeen. Hanhi rääkäisi ja koko parvi
kohosi äänekkäästi kaakattaen lentoon, asettui

hyökkäysmuodostelmaan ja sukelsi kuin kami-
kaze-lentue kohti ykköstiitä. Kohdalle tultuaan
ne pudottivat pomminsa. Mutta ne eivät tähdän-
neetkään minuun vaan startteriin, joka oli anta-
nut 'luvan' aloituslyöntiin. Startteri juoksi alta
pois pää kolmantena jalkana, muut huokasivat
helpottuneina ja kaikille nauru maittoi.

14. Talkooväki kentällä

Golf-kentät yleisesti kamppailevat taloudellisissa vaikeuksissa eikä 'ylimääräistä rahaa' ole kentän hoitoon ja kunnossapitoon. Tällöin tulee talkoomuotoinen työ kunniaansa. Ei maksa juuri mitään – talkookaljat ja ehkä ruoat talkooväelle. Yleensä väki käyttää vielä omia työkaluja. tarkeintä on tietysti yhteisöllisyys! Ja se, miten houkutella talkooväkeä paikalle.

***

Mullat ja mullistukset – talkoopäivä Tuusniemen golfkentällä!
Kerran keväällä Tuusniemen golfkerho päätti järjestää suuret talkoot kentän kevätkunnostusta varten. Paikalle saapui sekalainen joukko innokkaita, joskin hieman epäorganisoituja talkoolaisia: eläkeläiset Eero ja Maija, kylän nuorisoedustaja Joonas (joka luuli tulleensa frisbeegolfiin), ja tietenkin klubiaktiivi Raimo, joka omisti enemmän golfmailoja kuin järkeviä ajatuksia.
 Päivän ohjelmassa oli griinien haravointia, hiekan levitystä ja yleistä siistimistä. Raimo jakoi tehtäviä suurella vakavuudella ja käytti termistöä, jota kukaan muu ei ymmärtänyt:

"Maija, sinä otat griini kolmosen fringe-linjan ae-
rifikaation esipohjustuksen. Eero, tee tii-boxin
top dressaus. Joonas, sinä... et koske mihinkään
elävään."
 Puolen tunnin päästä Maija haravoi hiekkakäy-
tävää kuin zen-puutarhaa, Eero oli jostain syystä
rakentanut hiekkalinnoja ja Joonas oli jumissa
puussa, koska "näki oravan ja halusi ottaa sel-
fien".
 Talkookahvit tarjoiltiin klubitalon takana. Pullat
olivat viikon vanhoja, mutta kukaan ei kehdan-
nut sanoa mitään, koska Raimo oli itse leiponut
ne - tai ainakin väitti niin.
 Lopuksi päätettiin istuttaa uusi pensas "kentän
ilmeen parantamiseksi". Kukaan ei vain muista-
nut, mihin pensas oli tarkoitus laittaa. Raimo
kaivoi kuoppaa väylän keskelle, kunnes ohi aja-
nut kentänhoitaja huusi mönkijästä:
"RAIMO! SE ON VIHERIÖ!"
 Pensas istutettiin lopulta parkkipaikan viereen,
missä se heti samana iltana jäi Maijan Toyotan
alle.
 Talkoopäivä päättyi tyytyväiseen hiljaisuuteen.
Kenttä ei ehkä ollut paremmassa kunnossa,
mutta ainakin kaikilla oli hauskaa - ja Maijan To-
yota tuoksui kuusamalta.

***

Kauhukisaa ja kaukopalloja – Tuusniemen talkoolaisten turnauspäivä!
Viikko talkoiden jälkeen Raimo sai 'loistavan' idean:
"Järjestetään talkooporukalle oma golfkilpailu! Rentoa meininkiä, mutta virallisilla säännöillä - tai ainakin niillä, jotka minä muistan ulkoa!"
Niin syntyi Tuusniemen Talkoocup, jonka osallistujamäärä oli juuri sopiva: viisi pelaajaa ja yksi koira (Maijan Topi, joka ei suostunut jäämään kotiin ja luuli golfpalloja kananmuniksi).
Kilpailumuoto oli epäselvä. Raimo puhui jotain "scramblesta", mutta päätyi arpomaan joukkueet laittamalla nimet golfhanskoihin ja pyörittämällä niitä tiiboksilla kuin onnenpyörää. Joonas oli pettynyt, koska luuli edelleen, että kyseessä oli frisbeegolfturnaus ja oli tuonut mukanaan vain sandaalit ja energiajuomia.
Ensimmäisellä väylällä tapahtui jo klassinen golf-katastrofi: Maija löi niin sanotun "topatun banaanin", joka kimposi puusta, osui Joonasta takaraivoon ja sai Topin haukkumaan lintuja seuraavat kolme reikää.
Eero taas toi mukanaan vanhat puumailansa, jotka muistuttivat enemmän kirveitä kuin golfvälineitä. Hän väitti:
"Nää on aitoa retroa. 70-luvulta. Aikakaudelta, kun miesten svingi mitattiin olkapääkarvoituksen tiheydellä!"

Kentän kohokohta oli väylä numero 7, jossa jär-
jestettiin "Lähimmäs reikää ilman silmälaseja" -
kilpailu. Maija voitti – ei siksi, että näki parhaiten,
vaan koska osui reikään vahingossa lyömällä
väärään suuntaan.
Lopulta kilpailu päättyi yllättävään tasatulok-
seen, koska kukaan ei jaksanut laskea lyöntejä
enää yhdeksännen reiän jälkeen. Palkinnot jaet-
tiin arpomalla - pääpalkintona oli kuivakakku ja
putteri ilman grippiä. Joonas sai lohdutuspalkin-
non: pullon urheilujuomaa ja muistutuksen siitä,
että tämä ei ollut frisbeegolf.
Turnaus päättyi kuten kunnon kisat aina: grilli-
makkaraan, terästettyyn kahviin ja siihen, että
Raimo unohti, mihin oli pysäköinyt moponsa.

***

Kerran kesäisenä sunnuntaina Pikkukylän asuk-
kaat päättivät järjestää talkoovoimin golf-tur-
nauksen kylän ainoalla nurmikentällä, jota
yleensä käytettiin hevosten laiduntamiseen ja
juhannuskokkojen polttamiseen. Koska kukaan
kyläläisistä ei ollut koskaan pelannut golfia,
hommaan lähdettiin tyypillisellä talkoomenolla:
'Jos jotain voi mennä pieleen, niin se menee – ja
vielä huvittavalla tavalla (Murphyn laki).'
Koska kylässä ei ollut golfmailoja, paikallinen
seppä, Heimo takasi 'luotettavat' mailat - totta

kai! - vanhoista lapioiden varsiin naulatuista pannulapioista. Kentän reiät tehtiin kynttilänjaloilla merkityistä kuopista, joita kanaverkkojen suojaamat kanat käyttivät pesinään.

Koska kukaan ei tiennyt golfin säännöistä mitään, ne päätettiin keksiä matkan varrella:

"Jos pallo osuu hevoseen, saat yhden lyönnin bonuksen."

"Jos pallo menee kananmunan sisään, se on hole-in-one."

"Jos joku huutaa 'PERKELE!', kaikki juoksevat hakemaan grillimakkaraa."

Kilpailu alkaa – ja kaikki menee päin honkia.

Erkki, kylän huoltoaseman omistaja, yritti ensimmäistä lyöntiään, mutta pannulapio irtosi varresta ja lensi suoraan naapurin Aapon omenapuuhun. Aapon kommentti: "No nyt on maila oksilla!"

Liisa, kylän kirjastonhoitaja, heitti pallon käsin ensimmäisellä reiällä, koska 'ei jaksanut alkaa huitomaan'. Hänen perustelunsa: "Nää on vaan talkoot, ei mitkään Olympialaiset!"

Heimon koira Musti sieppasi pallon kesken kierroksen ja juoksi sen kanssa metsään. Pallo julistettiin 'luonnonvaraksi', ja tilalle otettiin jääkaapista löytynyt porkkanapala.

Paikallinen poliisi Kalle yritti pelata rehellisesti, mutta hänen pallonsa kimposi hevosen

kavioista suoraan grilliämpäriin. Grillinhoitaja Tuomas totesi: "Nyt on golf-makkara valmis."
 Kun aurinko laski, kukaan ei muistanut pitää lukua lyönneistä, koska kaikki olivat keskittyneet makkaroiden ja oluen nauttimiseen. Lopulta kylän vanhin, Vaari Vilho, julisti voittajaksi "sen kullanmussukan, joka löysi munat ennen kanoja". Talkoogolfin suurin oppi oli: jos säännöt on tehty pannulapioille ja tuomari on juovuksissa, kaikki on mahdollista – ja kaikki menee pieleen, mutta onpahan aihetta nauruun!

***

Golf-kilpailut talkoilla, kuka järjestää?
Helppo vastaus: "Se, joka ei ehtinyt piiloutua tarpeeksi nopeasti vuosikokouksessa."
Yleensä homma menee näin:
Puheenjohtaja huokaa ja sanoo:
 "Tarvittais joku pieni porukka järkkäämään kesän scramble-turnaus..."
Tunnin päästä:
 Markku, joka tuli paikalle vain kahvin ja pullan takia, on nyt vastuussa koko kilpailukalenterista.
Eija, joka sanoi kerran "mä voin auttaa joskus", on nyt nimetty buffet-vastaavaksi, lipunmyyjäksi, ja DJ:ksi.

Ja Jari? Jari meni vessaan juuri kriittisellä hetkellä ja valittiin yksimielisesti kilpailutoimikunnan puheenjohtajaksi.

Toimihenkilöitä haetaan näin:

Lähetetään sähköpostia 300 jäsenelle – kolme lukee sen, kaksi vastaa, ja yksi luulee, että kyse on huijausviestistä.

Laitetaan ilmoitus klubin seinälle – suoraan sen päälle, missä lukee "Älä koske tähän pistorasiaan."

Lopulta turvaudutaan klassikkoon:

"Jos et ole paikalla talkoopäivänä, olet automaattisesti vastuussa grillistä ja forecaddiena 18 väylällä."

Kilpailupäivänä:

Tuomari on seuran ainoa henkilö, joka on joskus lukenut sääntökirjaa – tai ainakin kerran vilkaissut sen kuvat läpi.

Startterilla on fläppitaulu, megafoni ja toivoa.

Forecaddieksi päätynyt Esa luulee olevansa katsoja, kunnes joku kysyy häneltä: "Näits mihin se meni?"

Buffetissa pullat on loppu ennen kuin ensimmäinen ryhmä ehtii yhdeksännelle.

Ja silti:

Kaikki sujuu ihan hyvin.

Tai ainakin kukaan ei uskalla valittaa, koska pelkää joutuvansa ensi vuonna järjestäjäksi.

15. Huijarit ja väärinpelurit

Kunnon golfia, ei huijata - paitsi, jos vain tyhjä erämaa katsoo"

Eräänä aurinkoisena päivänä Golffari-Jussi (tunnettu myös lempinimellä 'Mulliganin Mestari') asteli itsevarmana viheriölle, silmät säihkyen kuin hän olisi juuri keksinyt, kuinka painaa golfpalloa ilman, että kukaan huomaa. Hänen pelitoverinsa, Reippa-Reima, oli jo tottunut Jussin 'luovaan' pelityyliin, mutta tänään oli kuitenkin erikoisempi päivä - Jussi oli päättänyt rikkoa omat ennätyksensä... ja mahdollisesti myös kaikki golfin säännöt.

Jussi heilautti mailansa niin kovaa, että se melkein katosi ilmakehään. Pallo kuitenkin lipsahti hiekkaan vain kolmen metrin päähän. "Testauslyönti!" Jussi julisti ja nappasi pallon käteensä. "Tätä ei lasketa, koska mun kännykkä soi just." Reima rypisti kulmiaan, mutta antoi periksi.

Jussin lyönti meni suoraan järveen. "Ai, tää onkin vesihazard? Mulla ei o lupaa uida!" hän sanoi ja kaivoi taskustaan uuden pallon. "Tää on se alkuperäinen, se vaan... no... kuivui ja muutti väriä."

Jussi oli bunkkerissa, ja hänen mailansa osui hiekkaan niin kovaa, että se lensi kuin räjähtänyt popcornipussi. Mutta ihme kyllä, hänen

pallonsa oli yhtäkkiä sivulla, viheriön laidalla.
"Tuulenvire!" Jussi huusi ja viittilöi sääennusteen
appillaan. "Tää oli ihanselvästi luonnonvoima,
eikä mun syy."
 Kun Reima laski tuloksia, Jussi hymyili tyytyväi-
senä.
 "72 lyöntiä? Aika hyvä, eka kerta kun pääsen alle
100!"
 Reima tuijotti häntä.
 "Jussi, sä löit 12 palloa veteen, kävelit pallon
päälle 'vahingossa' ja väitit että se oli 'maanjäris-
tys', ja sun maila osui kerran puuhun niin kovaa
että siellä on nyt orava loukussa."
 Jussi nyökkäsi vakavana. "Golf on henkinen peli,
Reima. Ja mun mielestä mä voitin."
 Lopulta Jussi julistautui klubin epäviralliseksi
mestariksi - ja seuraavana päivänä hänen ni-
mensä oli klubin mustalla listalla. Mutta ainakin
hänen golf-taskunsa olivat täynnä... uusia pal-
loja, joita hän oli 'löytänyt' kentältä.
Opetus: Jos et osaa pelata, pelaa silti – mutta va-
raudu selittämään tulos luovasti, myös kaikki
'unohtamiset'.

***

Golffarit olivat väittelemässä, kumpi pelasi pa-
remmin. Toinen heistä sanoi:

"Minulla on todistaja, joka kertoo, että olen pa-
rempi!"
Toinen kysyi:
"Kuka?"
"Minun caddieni!"
"No totta kai, hän on sinun caddiesi!"
"Niin, mutta hän on myös sinun caddiesi."

***

Golfaaja huitaisi pallonsa pitkälle puskaan ja al-
koi etsiä sitä ärsyyntyneenä. Lopulta hän näki
pallon ja huusi:
"Löysin pallon! Mutta se on ihan murskana!"
Hänen kumppaninsa totesi: "No, korvaa se sit-
ten uudella."
"En voi – se on jonkun toisen pallo!"

***

Eräs mies valitti golfkaverilleen:
"En ymmärrä, miksi pelaan niin huonosti tä-
nään. Eilen tein täydellisen 68!"
Kaveri kysyi:
"No mikä on nyt vikana?"
"En vain voi. Tänään olen normaalisti töissä."

***

Kilpailussa pelaaja huitaisi pallon suoraan puu-
hun, mutta se kimposi takaisin väylälle. Hänen
kilpailijansa huusi:
 "Onneksi olkoon! Mutta mitä teet nyt?"
 Pelaaja vastasi: "No tietysti korjaan tuon puun –
sehän on selvästi vinossa!"

***

Juniorigolfaaja löi pallonsa järveen ja alkoi itkeä.
Hänen caddiensa sanoi:
 "Älä sure, joskus käy näin."
 "Mutta minä en sure – tämä on kolmas pallo tä-
nään, jonka olen lyönyt samaan paikkaan!"

16. Kuka tässä oikeasti pelaa

Jokaiselle pelaajalle tulee joskus mieleen, että joku taivaallinen voima täytyy olla takana, kun 'mahdoton' onnistuu tavalla, jota on vaikea uskoa. Se voi olla vaikka koko unelmakierros tai sitten vain yksittäinen ihmelyönti.

Vastaavasti toinen puoli kolikkoa ovat kierrokset, jolloin tunnet olevasi vedossa, mutta kaikki tuntuu epäonnistuvan, ikään kuin joku jarruttaisi tai tuuppaisi sinua lyömään aivan vika suuntaan.

***

Golfklubin kapteeni kysyi uudelta jäseneltä:
"Pelaatko tasoituksella?"
Jäsen vastasi:
"Pelaan kyllä. Tavoite on 18, mutta yleensä se tarkoittaa 18 reikää epätoivoa."

***

Oli kirkas ja tyyni aamu, kun Antti, keski-ikäinen konttorityöläinen ja ikuinen harrastelijagolffari, saapui paikallisen golfklubin parkkipaikalle. Hän oli tunnettu ystäväpiirissään siitä, että onnistui golfaamaan kuin olisi ensimmäistä kertaa kentällä - joka kerta. Pallot lentelivät minne sattuu, mailat lensivät perässä, ja usein hermot menivät jo kolmannella väylällä.

Mutta tänään oli toisenlainen päivä.

Antti ei osannut sanoa miksi, mutta heti ensimmäisellä tiillä hänen otteensa mailasta tuntui vakaalta, ja lyönti... se oli suora. Ei vino, ei metsään, vaan keskelle väylää - kuin oppikirjasta. Hän jäi tuijottamaan pallon kaarta suu auki, epäillen oliko joku vaihtanut hänet uneen.

Seuraavalla väylällä hän upotti kolmemetrisen putin ilman epäröintiä. Sen jälkeen tuli chippi suoraan kuppiin. Jopa bunkkerista pääsy onnistui yhdellä vedolla, ilman että hiekka lensi kuin Saharan hiekkamyrskyssä.

Ystävät kentällä alkoivat katsella häntä epäluuloisesti. "Onko se ottanut tunteja salaa?" joku kuiskasi. "Ehkä se on hypnoosissa," arveli toinen. Mutta Antti ei kuullut heitä - hän oli täysin flow-tilassa, kuin Tiger Woods parhaimpina päivinään.

Väylä väylältä Antti pelasi elämänsä peliä. Hän ei muistanut aiemmin lyöneensä birdieä - tänään hän teki kolme. Kun viimeisellä väylällä hän sai pallon yhdellä draivilla greenin reunalle ja puttasi eaglen sisään, kentän laidalla istunut varis rääkäisi niin kovaa, että koko kenttä hiljeni hetkeksi.

Antti nosti mailansa ilmaan kuin mestari. Hän ei tiennyt oliko tämä pelkkää sattumaa, unta vai universumin pieni lahja miehelle, joka yleensä osui mailalla vain maahan. Mutta hän tiesi yhden asian varmasti: hän oli juuri pelannut elämänsä ylivoimaisesti parhaan kierroksen.

 Ja seuraavana päivänä, kun hän palasi kentälle innoissaan... kaikki meni taas päin mäntyä. Mutta tämä yksi uskomaton kierros jäi hänen mieleensä elämään ikuisesti, vaikka muistikuvat pelin ajalta olivatkin hämärät, ihan kuin olisi seurannut jonkun muun - 'paremman golffarin' - peliä.

***

Pikku Kalle tuli kotiin junioriturnauksesta ovet paukkuen, nakkasi kamppeet eteisen nurkkaan ja pyyhälsi rappuja yläkertaan.

 Isä – hänkin golffari – huusi Kallen perään:

"No, Kalle, kuinkas peli sujui tänään?"

Yläkerrasta kuului tavaroiden paiskontaa.

Isä esitti jatkokysymyksen:

"No, Kalle, monesko olit tänään?"

Yläkerrasta kuului murinaa ja Kalle tiuskaisi:

"Neljäs!"

Johon Isä-pappa:

"Sehän oli hienoa Kalle. Montako kilpailijaa?"

Kalle huusi itku kurkussa:

"Kolme!"

"Mutta juurihan sanoit... ", isä hölmistyneenä.

Johon Kalle huusi nyyhkien:
”KUN EI KULJE… NIIN EI KULJE…!!!”
Isä: ”Niin tuttu tunne… tuttu tunne!”

17. Tavoitteena reikään tai sitten ei

Golffarin ei aina kannata yrittää putata suoraan reikään, vaikka se voi tuntua ensisijaiselta tavoitteelta. Tietyissä tilanteissa riskit ylittävät hyödyt, ja tällöin voi olla viisaampaa pelata varmemmin. Tässä on tilanteita, joissa suoraan reikään tähtääminen ei ole järkevää:

1. Väylä on kalteva tai reikä on rinteen reunalla
Jos reikä sijaitsee kaltevalla pinnalla tai sen vieressä on jyrkkä rinne, liian aggressiivinen putti voi vieriä pitkäksi tai ulos greeniltä. Parempi valinta on tähdätä hieman ohi tai alle reikää ja varmistaa helppo seuraava putti.

2. Reikä on "liukkaalla" alueella (nopea greeni)
Nopeilla greeneillä pallo voi vieriä huomattavan pitkälle, jos menee hieman pitkäksi. Tällöin turvallinen pelisuunnitelma on jättää pallo reikää lyhyemmäksi – ns. "dead weight" -putti.

3. Pallon ja reiän välillä on este tai breikki
Jos pallon ja reiän välissä on voimakas breikki tai kumpu, suoraan reikään tähtääminen johtaa todennäköisesti ohi menoon. Tällöin on parempi pelata linjaa pitkin, joka ottaa huomioon kallistuksen ja antaa pallon "valua" reikään sivusuunnasta.

4. Pitkät putit (yli 10 metriä)

Pitkissä puteissa harva onnistuu upottamaan suoraan reikään tähtäämällä. Tärkeämpää on kontrolloida etäisyyttä ja varmistaa, että pallo pysähtyy helppoon jatkopaikkaan. Tavoite on kaksi puttia, ei väkisin ykkösputilla.

5. *Greeni on epätasainen tai pinta vaihtelee*
Jos greeni on epätasainen, tai sen pinta muuttuu esimerkiksi kosteuden tai ruohon suunnan vuoksi, suoraan reikään yrittäminen voi johtaa virheisiin. Tällöin kannattaa lukea greeni ja pelata "turvallinen linja" suhteessa kallistuksiin.

6. *Paineellinen tilanne (esim. kilpailuratkaisu)*
Jos yksi lyönti ratkaisee ja reiän yli puttaaminen aiheuttaa ison riskin, konservatiivisempi lähestymistapa on parempi. Esimerkiksi varmistamalla kaksi puttia saa paremman lopputuloksen kuin yrittämällä liian ahnaasti ykkösputtia ja ottamalla kolmen putin riskin.

***

Eräänä päivänä golfkentällä oli mies nimeltä Pekka Puikula, joka oli kuuluisa siitä, että hänen lyöntinsä joko lensivät suoraan reikään... tai sitten 'johonkin aivan muualle'. Hänen mottoonsa kuului: "Joko lipun juureen tai lippu heilahtaa – ei välimuotoja!"
Kerran turnauksessa Pekka seisoi viimeisellä reiällä, ja tarvitsi vain yhden onnistuneen lyönnin

voittaakseen. Yleisö katseli hiljaa, kun hän kohotti mailansa ja – *POKS* – pallo lähti kuin ammuttuna. Se lensi, pyörähti ilmassa kuin eksynyt kolibri, pomppasi kerran bunkkerissa, kimposi puuhun, viisti järvenpintaa, näytti tekevän leivän ja nousi takaisin ilmavirran mukana, vieri viheriölle ja – *plop* – suoraan reikään!

Yleisö räjähti hurrauksiin, mutta Pekka vain ravisti päätään ja mutisi: "Väärät pallit."

Kun häntä kysyttiin, mitä tämä tarkoitti, Pekka selitti:

"No, katsoin väylällä olevaa palloa ja luulin, että se oli minun. Mutta se olikin joku toisen pelaajan hukkaama. Oma palloni on tuolla järven pohjassa simpukoiden kanssa pelaamassa pokeria."

Pekka hävisi turnauksen, mutta voitti legendan maineen kaikkien golffarien keskuudessa. Hänen hautakivessään lukee vieläkin:

"Tässä makaa Pekka Puikula – Joko reiässä tai sitten ei. Nyt hän on vihdoin 'hole-in-eternity'.
(Ja hänen pallonsa on edelleen järvessä voittamassa simpukkaporukkaa.)"

***

Miksi golffari ei koskaan tee ruokaa?
Koska osaa vain laittaa palloa reikään - eikä aina sitäkään!

105

***

Mitä golffari (huippuampuja) sanoi, kun pallo py-
sähtyi sentin päähän reiästä?
 "Se oli melkein birdie... tai sitten ei - ennemmin-
kin kärpänen."

***

Golfarin rakkauselämä oli kuin hänen puttinsa:
 Välillä meni reikään... mutta useimmiten jäi ly-
hyeksi.

***

Miten golffari selittää epäonnistuneen reiän?
 "Se ei mennyt ohi – se vain halusi pysyä ken-
tällä vähän pidempään."

***

Miksi golffari ei ikinä saanut treffejä toisen kier-
roksen jälkeen?
 "Se puhui aina vaan siitä, miten hyvin sillä me-
nee reikään... mutta käytännössä se joutui aina
bunkkeriin."

***

Miten golffari kuvailee epäonnistunutta yötä sängyssä?
 "Lähti oikeaan suuntaan, mutta griini oli liian märkä ja pallo lipesi ohi reiästä."

18. HIO, golffarin unelma

Hole-in-one on yksi golfin jännittävimmistä ja harvinaisimmista saavutuksista, ja jotkut uskomattomat tapaukset ovat kirjautuneet historiankirjoihin. Tässä muutama esimerkki:

Vanhin hole-in-one -tekijä
Eläköitynyt lääkäri Elsie McLean teki hole-in-onen 101-vuotiaana vuonna 2007 Bidwell Park Golf Coursella Kaliforniassa. Hänestä tuli vanhin koskaan hole-in-onen tehnyt henkilö Guinnessin ennätyskirjan mukaan. Hän osui 94 metrin (103 jaardin) reiälle rautaseiskaa käyttäen!

Nuorin hole-in-one -tekijä
Jasper Brow teki hole-in-onen vain 5 vuoden ja 257 päivän ikäisenä Lake Wales Golf Clubilla Floridassa vuonna 2020. Hän osui 68 metrin (74 jaardin) reiälle lasten pienellä mailalla.

Kaksi hole-in-onea samalla kierroksella
Brian Harman, PGA Tour -ammattilainen, onnistui tässä harvinaisuudessa 2015 The Barclays -turnauksessa. Todennäköisyys tehdä kaksi hole-in-onea yhden kierroksen aikana on noin 1:67 miljoonaan.

Sokean golfaajan tekemä hole-in-one
Sheffieldin yliopiston tutkimusjohtaja Dr. Ian Woosnam, joka on ollut sokea 20 vuotta, teki hole-in-onen 2019.

Ensimmäinen heitetty hole-in-one
Tyler McFerran ei edes käyttänyt mailaa, vaan heitti golfpallon kädellään reikään 128 metrin (140 jaardin) päästä 2018. Tämä lasketaan epäviralliseksi hole-in-oneksi, koska säännöt sallivat pallon heittämisen hätätilanteissa.

Hole-in-one äidin hautajaispäivänä
Eräs skotlantilaisgolfaaja teki hole-in-onen juuri ennen äitinsä hautajaisia ja sanoi, että se oli 'äärimmäisen taianomainen hetki'.

Ainoa hole-in-one Major-turnauksen finaalissa
Gene Sarazen teki legendaarisen 'Shot Heard Round the World' -lyöntinsä 1935 Mastersissa, tasoittaen pelin ja voittaen lopulta uusintakierroksella.

Hole-in-one ekalla ammattilaislyönnillä
Marty Fleckman teki debyyttinsä PGA Tourilla 1960 ja löi heti ensimmäisellä lyönnillään hole-in-onen – uskomaton aloitus uralle!

***

Mikä on todennäköisyys tehdä hole-in-one?
-    Keskivertoamatöörillä noin 1:12 500
-    Säännöllisesti pelaavalla noin 1:5 000
-    PGA Tour -ammattilaisella noin 1:2 500

***

Miksi golffari toi kaksi paria housuja kentälle?
Siltä varalta, että tulisi hole in one!

***

Henkilökohtaisesti tein (sain) ensimmäisen hole in one -tulokseni Espanjassa Isla Canela Golf -kentän 1. väylällä (n. 170 m). Puu-3:lla matala rullaava lyönti, joka katosi silmistämme. Palloa etsittiin koko ryhmän voimin muutama minuutti greenin takaa, kunnes joku hoksasi katsoa reikään, ja siellähän se pallo makasi. Pelin jälkeen tarjosin Cavaa koko porukalle (seuran pelimatka). Cava oli sen verran edullista, että otettiin vielä toisellekin jalalle.
Myöhemmin liityin Suomessa Tilanderin Lassin aikanaan perustamaan HIO-klubiin ja osallistuin siitä lähtien vuosittaisiin Suomen HIO-klubin mestaruuskisoihin. Klubin viimeinen kilpailu oli Vääksyssä GoGolfin järjestämänä. Kisan voittajana jäin viimeiseksi 'HIO-klubin mestariksi',

koska tuon vuoden jälkeen klubi jostakin syystä lopetti toimintansa.

****

Kolme vanhaa ystävää – Matti, Pekka ja Jari – kuolivat ja pääsivät taivaaseen. He olivat kaikki intohimoisia golffareita, ja heidän ensimmäinen kysymyksensä taivaan porteilla oli:
 "Onko taivaassa golfkenttiä?"
Pyhä Pietari nyökkäsi ja sanoi:
 "Totta kai. Parhaat kentät, aina täydellinen sää, ei ruuhkaa – täydellinen golfkokemus!"
Kolmikko oli haltioissaan. He lähtivät heti pelaamaan. Kenttä oli uskomaton: viheriöt täydellisessä kunnossa, pallot lensivät pidemmälle kuin koskaan, eikä tuulta ollut lainkaan.
Ensimmäisellä väylällä Matti löi avauslyöntinsä – suoraan veteen. Hän huokaisi ja sanoi:
 "Voi että! En mä edes taivaassa osaa pelata tätä peliä!"
 Sitten Pekka vuorostaan löi – suoraan bunkkeriin. Ulos bunkkerista vasta kolmannella.
 "Ei tää oo yhtään sen helpompaa kuin maan päällä!" hän valitti.
 Jari astui tiille, tähtäsi, löi – ja pallo meni täydellisesti väylälle, pomppasi kerran ja vieri suoraan reikään. Hole in one!
Matti ja Pekka katsoivat suu auki.

Jari kohautti olkiaan ja sanoi:
 "No, ei tämä nyt mikään ihme ole. Mä pelasin ennen tätä helvetissä 40 vuotta parhaan pro:n opissa."

19. **Ulos kentältä**

Maailmalla on arvokkaita golf-kenttiä, joissa on tiukat säännöt kentän kunnossa pitämiseksi. Jos pelaaja erehtyy esimerkiksi tekemään harjoitus-swingin ykköstiillä ja osuu maahan aiheuttaen maapaakun (divotin) irtoamisen, osoittaa startteri välittömästi tekijälle tietä pois kentältä. Tämä riippumatta pelaajan taidoista tai henkilö-taustoista.

***

Vuonna 2008 tunnettu golfin väriläiskä yhdysval-talainen ammattilaisgolffari John Daly ajettiin ulos golfkentältä ja diskattiin turnauksesta Wachovia Championshipissä (nykyinen Wells Fargo Championship), kun hän nukkui harjoitus-kierroksen aikana kentän viheralueella golfau-tossa.

Daly oli saanut villin kortin turnaukseen, mutta hänen käytöksensä herätti huomiota jo ennen tapahtumaa. Harjoituskierroksen aikana hän sammui golfautoon ja jäi nukkumaan, jolloin henkilökunta ei pystynyt herättämään häntä.

Turnauksen järjestäjät ja PGA Tour -johto päätti-vät, että Daly ei saa enää osallistua, ja hänet poistettiin kentältä ja kilpailusta.

Tapauksesta uutisoitiin laajalti. Daly kommentoi myöhemmin, että hänellä oli 'väsymystä', ja että media liioitteli asiaa.

Tapaus oli yksi useista, joissa Daly joutui ongelmiin sääntöjen ja käytöksen kanssa.

Tämä on yksi tunnetuimmista esimerkeistä ulosajosta, mutta pienemmissä klubeissa vastaavia tilanteita voi syntyä myös esimerkiksi liiallisesta päihtymyksestä, sääntöjen rikkomisesta (esim. pelaaminen ilman green fee -maksua), sopimattomasta käytöksestä muita pelaajia tai henkilökuntaa kohtaan.

***

Veikko oli innokas golfaaja ja hakeutui mielellään peliryhmiin, joissa oli niin hyviä pelaajia, että yksi tai useampi birdie oli todennäköistä peliryhmässä (ja birdie-ryyppyjä tiedossa).
Veikolla oli tapana sanoa:
"Ulos kentältä, joka jättää birdie-putin lyhyeksi!"

***

Kokonaan toinen on tilanne - missä ei pelaaja, vaan - pallo ajautuu ulos pelikentältä.

Pelasin kaverieni kanssa Talin kentällä ja jo ensimmäisellä väylällä lyönti karkasi vasemmalle ja lensi yli aidan. Kuului kuin konekivääristä

'Tratata...'. Pallo osui poispäin ajavaan autoon, joka pysähtyi ja autosta nousi vanha golffaripariskunta tutkimaan mitä tapahtui ja tuliko vaurioita. Astuin kentän ja tien välisen verkkoaidan ääreen, pyysin tuhannesti anteeksi ja kysyin: "Tuliko autoon vaurioita?"
Täydellisen tarkastelun tuloksena autossa ei näkynyt mitään jälkiä. Pallo oli osunut tien ja auton väliin, jossa kimpoili edes taas auton pohjapanssarin ja asfaltin välillä.
 Pyysin heitä ilmoittamaan asiasta caddiemasterin toimistoon siltä varalta, että jotakin vielä myöhemmin ilmenisi, mutta pariskunta ei katsonut sitä tarpeelliseksi. Sen sijaan he etsivät jotakin epätoivoisesti auton ympäriltä. Lopulta mies tokaisi: "Harmi vaan, että palloasi ei löydy mistään!" Samassa pariskunta heilautti kättä ja lähti jatkamaan matkaa. Palasin lyömään uuden pallon peliin.

***

Golfhistoria ja sen moninaiset tarinat ovat täynnä erikoisia ja jopa uskomattomia tilanteita, erityisesti kun kyseessä on pallon päätyminen 'out of bounds' (eli kentän ulkopuolelle).
 David Hearnin lyönti (Deere Run, 2015) meni out of bounds – suoraan yleisön mukana olleen naisen käsilaukkuun. Sääntöjen mukaan, koska

115

pallo oli liikkunut kiinteän esineen mukana pois
pelialueelta, hän sai vapaan dropin – mutta ti-
lanne aiheutti pitkän tauon ja paljon huvia ylei-
sössä ja pelaajissa.

***

PGA Championship 2013
Mickelsonin draivi meni OB – mutta se löytyi
asukkaan grillin päältä viereisestä pihasta. Ti-
lanne oli niin erikoinen, että grillin omistaja sai
nimikirjoituksella varustetun pallon muistoksi.
Mickelsonille itselleen tilanne oli kallis – hän me-
netti mahdollisuuden nousta kärkisijalle.

***

John Daly on kuuluisa aggressiivisesta tyylis-
tään, ja out of bounds -lyönnit ovat olleet osa hä-
nen peliään vuosikymmeniä. Yksi tunnetuim-
mista tapauksista oli, kun hän teki 18 reiän ai-
kana 18 rangaistuslyöntiä useista OB-lyönneistä
vuonna 1998 Bay Hill Invitational -kisassa.

***

Rory Sabbatinin (Travelers Championship 2012)
pallo meni OB ja osui sisälle liikkuvaan autoon,
joka kuljetti ruokaa pelaajille. Auto jatkoi

matkaansa vielä satoja metrejä ennen kuin se pysäytettiin. Pallo oli virallisesti out of bounds, mutta tilanteesta kehkeytyi farssinomainen peliä viivyttänyt hetki.

***

Kevin Na (Texas Open 2011) teki yhdellä reiällä 16 lyöntiä, joista useat liittyivät pallon päätymiseen OB tiheään metsikköön. Hän yritti pelata sieltä pois useita kertoja ennen kuin päätti dropata. Tilanne tallentui kameroihin, ja siitä tuli viraalihitti – Kevin itsekin nauroi sille myöhemmin.

 # Maksoi mitä maksoi

Yksi tunnetuimmista PGA Tourin tositapauksista, jossa pelaaja menetti voiton ottamalla riskin viimeisellä väylällä, on Jean Van de Velden romahdus vuoden 1999 Open Championshipissa Carnoustiessa. Vaikka kyseessä ei ollut PGA Tourin virallinen kilpailu vaan major-turnaus (joka kuuluu myös European Tourille), se on klassinen esimerkki riskin ottamisesta viimeisellä reiällä – ja sen kalliista seurauksista.

Tilanne ennen viimeistä reikää oli, että Van de Velde johti kolmella lyönnillä viimeiselle eli 18. reiälle. Hän teki Strategisen virheen:

Sen sijaan, että olisi pelannut varman päälle ja käyttänyt väyläpuuta tai rautaa, hän käytti draiveria - ja pallo meni oikealle, lähes veteen.

Seuraavat lyönnit osuivat katsomoon ja veteen, ja lopulta hän päätyi tekemään triple bogeyn (7 lyöntiä) par 4 -väylälle.

Hän menetti voiton ja joutui uusintaan, jonka hävisi Paul Lawrielle. Rahallinen merkitys oli merkittävä, koska voittaja sai 450 000 £ ja jaettu T4 sijoitus (uusinnan jälkeen) toi Jean Van de Veldelle 156 000 £. Erotus: 294 000 £ (vuoden 1999 rahassa, joka nykyrahassa vastaa n. 500 000–600 000 euroa inflaation ja dollarimuunnoksen huomioiden).

***

PGA Tourilta on toinen esimerkki, jossa Phil Mickelson vuoden 2006 U.S. Openissa (Winged Foot) johti kilpailua viimeisellä väylällä.

Hän valitsi draiverin ja osui huonosti, päätyi puiden väliin. Sieltäkään hän ei pelannut varman päälle ulos, vaan otti riskin ja yritti päästä greenille - lopputuloksena double bogey ja menetetty voitto.

Voittajaksi tuli Geoff Ogilvy, joka kuittasi voitosta 1,225,000 dollaria ja Phil Mickelson T2 sijoituksesta 501,278 dollaria (ero n. 724 000 $).

***

Golf-kentällä mies lyö avauksensa järveen. Hän kaivaa kiivaasti uuden pallon taskustaan, laittaa sen tiille ja alkaa huitoa. Hän epäonnistuu uudestaan - pallo taas suoraan veteen.

"Viides lähtee", muistuttivat kaverit, ikään kuin hän ei olisi sitä tiennyt muutenkin. Kolmas yritys ja sama lopputulos.

Yhtäkkiä mies repii golfpussistaan kasan uusia palloja ja alkaa heitellä niitä järveen raivokkaasti.

Toinen pelaaja kysyy hämmästyneenä:

"Mitä helvettiä sä teet?!"

Mies vastaa harmistuneena:

"No treenaan - 'maksoi mitä maksoi'! Sitä paitsi ne on jo maksettuja"

***

Kaksi suomalaista turistia, Matti ja Pekka, päätti pelata golfia Thaimaan hienolla merenrantakentällä. Heillä oli vain yksi tavoite: "Meitä ei tulla näkemään kotona ilman rusketusta ja golf-tarroja!"
 He vuokrasivat kalliit mailat, ostivat 50 euron pallot ja maksoivat 11000 bahtia kierroksesta.
 "Ei voi olla näin kallista, eiks tää oo kehitysmaa!" Pekka mutisi.
Väylä 1:
 Matti yritti ensimmäistä lyöntiä - maila meni kuin viikate, mutta pallo pysyi paikallaan. Toinen yritys: maila katkesi puolesta välistä. Kolmannella kerralla pallo lensi suoraan hotellin allasbaariin.
"Se oli Pro V1! Viisi euroa meni!"
(Plus allasbaarin lasihyllystö).
Väylä 3:
 Pekka yritti raivostuneena lyödä pitkää - mutta maila osuikin kiviin, kipinät sinkoilivat ja samalla sinkoutui hänen kallis kellonsa järveen. "Se oli Rolex! – No nyt on kierros maksanut jo yli 5000 euroa!"
Väylä 5:

Heidän pallonsa putosivat krokotiilialtaaseen. Paikallinen caddie sanoi: "Ei hätää, uusi pallo vain 600 bahtia!" – "Ei saatana, onhan krokotiili!"

Väylä 7:

Matti ajoi golfkärryllään ylämäkeen, jarru petti, ja hän kaatui palmupuuta päin. Lääkärilasku 150 euroa. (Plus kärryn korjauskulut, ja uusi kärry peliin).

Väylä 9:

He päättivät juoda olutta laukaistakseen paineita. Kolmas olut johti erimielisyyksiin 'marshalin' kanssa, ja niin heidät heitettiin kentältä 'häiriköinnin' takia. Meni tappeluksi.

Loppulasku (summaa ei kannata laskea):

- ✓ Greenfee-maksut
- ✓ Golf-auton vuokra
- ✓ Rikkinäiset mailat
- ✓ Lasivitriini palasina
- ✓ Pallot krokotiilin vatsassa
- ✓ Rolex järvessä
- ✓ Golfauto korjaamolla
- ✓ Lääkärilasku
- ✓ Sakko ja musta silmä

Ja peliä alle 10 väylää ja putkareissu.

Kotiin päästyään heidän vaimonsa kysyivät:

"No oliko hauskaa?" Johon tuli vastaus:

"Maksoi mitä maksoi - kerran elämässä - mutta ensi kerralla mennään minigolfiin!"

*** *** ***

Golfin kalleus on vähän kuin ystävyyssuhde krokotiilin kanssa - näyttää mukavalta aluksi, mutta lopulta nielee lompakkosi kokonaisena.
 Ensiksi ostat mailat, jotka maksavat yhtä paljon kuin mopoauto. Sitten tarvitset pallot, jotka mystisesti katoavat puskiin ja lampeen nopeammin kuin saat nimen kirjoitettua tuloskorttiin. Ja tietenkin kenttäjäsenyys - koska miksi maksaisit vain yhdestä kierroksesta, kun voit maksaa koko vuodesta etukäteen ja silti pelata vain kahdesti (sateessa)?
 Ja se varusteiden määrä... Golfaaja näyttää usein siltä kuin olisi lähdössä joko vaellukselle tai avaamaan viinibaaria: hattu, hanska, sateenvarjo, laseretäisyysmittari ja kärry, joka maksaa enemmän kuin joillain ihmisillä on kiinni polkupyörässä.
 Mutta hei - se kaikki on sen arvoista, kun saat sen täydellisen (suoran ja pitkän) draivin... chipillä birdien karheikosta... onnistuneella 15 m putilla suoraan reikään.

*** *** ***

"Miksi golfaaja ei pelännyt taskuvarasta?"
 Koska hän tiesi, ettei kukaan muu kuin golfkenttä voi viedä paljon rahaa kerralla.

***

"Miten tiedät, että joku on uusi golfissa?"
Hän kysyy, miksi vihreän ruohon katselu mak-
saa enemmän kuin viikon loma ulkomailla.

***

"Golfin viheriöillä etsitään aina birdietä...
mutta löydetään vaan tyhjä tiliote."

21. Säässä kuin säässä

Useimmat golffarit välttelevät pelaamista sateessa, kylmässä tai kovassa tuulessa, mutta jostakin syystä löytävät itsensä kuitenkin kentältä välillä äärimmäisissäkin olosuhteissa. Ukkonen sattuessa päälle on peli kuitenkin aina keskeytettävä ja odoteltava sen ohimenoa.

***

Arvo oli 72-vuotias eläkeläinen, joka pelasi golfia joka ikinen päivä – satoi tai paistoi, myrskysi tai salamoi. Hän oli tunnettu kentällä siitä, että pelasi aina samalla mailasetikalla, jonka oli ostanut vuonna 1978, ja käytti samoja vaaleanvihreitä housuja, jotka eivät enää olleet aivan vaaleanvihreät.

Eräänä torstaina taivas repesi juuri kun Arvo oli aloittamassa kierrosta. Kentän henkilökunta kehotti kaikkia pysymään klubitalolla ukkosmyrskyn takia. Mutta Arvo ei luovuttanut.

"Jos Jack Niclaus ei pelännyt sadetta, niin en pelkää minäkään!" hän ärähti ja marssi ensimmäiselle tiille.

Ykkösväylän puolivälissä salama iski lähellä. Arvo ei hätkähtänyt. Hän vain murahti ja huusi taivaalle:

"Jos aiot tappaa minut, niin tee se nyt – muuten teen tuplabogin tälle väylälle ja se on häpeä sinullekin!"

Salama ei enää iskenyt.

Kierroksen jälkeen Arvo palasi klubille litimärkänä, mutta tyytyväisenä.

"Pelasitko oikeasti kaikki 18 väylää?" kysyi nuori caddie ihmeissään.

"Tietenkin. Ja tein birdien kahdeksannella, vaikka lätäkkö imi pallon melkein Kiinaan asti."

Siitä päivästä lähtien kentällä kerrottiin tarinaa ukkosmyrskyn selättäneestä Arvosta – jääräpäisestä golfarista, joka pelasi läpi sateen, salamoinnin ja todennäköisesti myös maailmanlopun, jos se osuisi sunnuntaiksi.

***

Vuonna 2022 Alaskassa järjestettiin 'Ice Golf Classic' -turnaus, jossa osallistujat pelasivat golfia -40 asteen pakkasessa ja jäätävässä tuulessa! Kenttä oli rakennettu jäätyneen järven pintaan ja väylät oli merkitty punaisilla lipuilla, jotka olivat jäätyneet jäähän.

Eräs osallistuja, Mike 'Frosty' Johnson, kertoi hauskan epäonnistumisensa: hän yritti lyödä avauslyöntiä, mutta kun hänen metallikärkinen golf-mailansa osui palloon, kylmä metalli halkesi kuin jääpuikko! Hän joutui vaihtamaan

mailan erikoisvalmisteiseen 'arktiseen' mailaan, joka oli tehty kestämään äärikylmyyttä.
 Mutta se ei ollut kaikki. Kun toinen pelaaja yritti pudottaa pallon väylälle, pallo kimposi jäisestä pinnasta kuin superpallo ja lensi suoraan hänen omaan pipoonsa! Yleisö (eli muut jäässä värjöttelevät golffarit) nauroivat hurjasti, kun pallo roikkui pipon liepeillä kuin koriste.
 Palkintona turnauksen voittajalle luvattiin lämmityspatja ja kuuma kaakao, ja kaikille osallistujille jaettiin 'kunniajäsen'-merkki, joka todisti heidän hulluutensa pelata golfia niin karmeissa olosuhteissa.

***

Golfaaja valittaa kesken kierroksen:
 "Tämä on ihan järjetöntä! Ensin sataa kaatamalla, sitten paistaa niin että sulan, ja nyt tämä helvetin tuuli vie palloni huitsin nevadaan!"
Toinen vastaa:
 "No, ainakin säästät rahaa – tänään saat harjoitella kaikkia lyöntityylejä yhdellä kierroksella!"

***

Kaksikko aloittaa kierroksen täydellisen sään vallitessa – aurinko paistaa, tuuli on tyyni.

126

"Tänään on liian hyvä sää golfiin," mutisee toinen.
"Miten niin?"
"Nyt ei voi syyttää olosuhdetta huonosta tuloksesta!"

***

Eräs golfaaja valittaa:
"Tämä tuuli on ihan mahdoton! En saa edes mailaa pysymään kädessä!"
Hänen kaverinsa nyökkää:
"Jos se auttaa, niin pallosi lensivät suunnilleen samaan paikkaan kuin minunkin – vaikka minä löin ihan toiseen suuntaan!"

***

Golfaaja heittää mailan alas ja huutaa:
"En voi pelata tällaisessa sateessa! Kaikki varusteet ovat märkiä!"
Hänen caddiensä nyökäyttää:
"No, ainakin vesihoito on nyt valmis. Seuraavaksi vaan pallo ja mailat pesuun."

***

Mikä on golfarin lemppari-ilmiö sateen jälkeen?

Etsiä palloaan lammikosta ja todeta, että "se oli ihan hyvä lyönti, mutta vesi varasti sen - liian märkää pelata!"

***

Miksi golffarit pitävät ukkosesta?
Koska silloin kaikki muutkin joutuvat hakemaan suojaa (muutenkin kuin heidän lyönneiltään)!

***

PGA Tourin historiassa on pelattu useita kisoja vaikeissa sääolosuhteissa, mutta yksi hurjimmista ja tunnetuimmista säätiloista liittyy 1998 AT&T Pebble Beach National Pro-Am -turnaukseen, joka tunnetaan epävirallisesti nimellä "The Weather Year".
Rajut myrskytuulet, jopa 80 km/h.
Kaatosade, kentät lainehtivat vedestä.
Tulvat, joiden vuoksi useat reiät jouduttiin sulkemaan.
Ranta-alueet sortuivat kentän vierellä.
Seuraukset: Turnaus keskeytettiin ja siirrettiin, mikä on erittäin harvinaista PGA Tourilla.
Loput kierrokset pelattiin elokuussa, vasta puoli vuotta myöhemmin.

Tämä oli ensimmäinen kerta, kun PGA Tourin tapahtuma siirrettiin noin pitkälle sääolosuhteiden vuoksi.

***

Muita PGA Tourin vaikeita sääolosuhteita:
 2013 The Open Championship (Muirfield, Skotlanti): Kovia tuulia ja erittäin nopeita viheriöitä – pallot eivät pysyneet paikallaan.
 2004 U.S. Open (Shinnecock Hills): Kenttä kuivui ja muuttui pelaamattomaksi – pallot liukuivat viheriöiltä pois ilman lyöntiä.
 2020 Memorial Tournament: Äkillinen ukkosmyrsky keskeytti pelin ja kaatoi kentälle puita.

22. Kaikki pelissä

Kolme kaverusta – Matti, Pekka ja Jari – pelasivat golfia viikonloppuisin. He ottivat pelin aina vakavasti, mutta tällä kertaa Matti ehdotti jotain uutta:
 "Pelataan niin, että häviäjä maksaa illallisen, siivoaa kämpän ja pesee toisten autot."
Pekka virnisti:
 "Kuulostaa siltä, että jollain on liikaa itseluottamusta."
 Kierros eteni tiukasti, mutta viimeisellä väylällä Matti löi pallonsa suoraan lampeen. Hän huusi turhautuneena:
 "Kaikki oli pelissä – paitsi mun pallo!"
Jari taputti häntä olkapäälle:
 "Ja kohta kaikki on sun tiskialtaassakin."

***

Ka(i)kki pelissä
Jos piru houkuttelee sinua pelaamaan kanssaan vuosisadan ottelua ja lupaa, että saat itse valita mitä tahansa palkinnoksi, jos onnistut voittamaan pelin, tartut varmaan syöttiin.
 Kuvittelet olevasi hyvä golffari, joka yrittää lyödä täydellisen vedon. Pirun kanssa jokainen liike menee kuitenkin vituiksi - ja syynä ei ole huono

tekniikka vaan ihan oikea, virnuileva piru, joka hyppii radalla kuin joku pikkupoika, joka juuri oppi sanan 'kakki'.

Drive? Piru nakkaa pallon suoraan järveen ja hi-hittää.

Puttaus? Piru kusee viheriölle ja muuttaa radan minigolfradaksi.

Haukotellen sanot "ei tää voi näin mennä" - ja piru vastaa: "Kyllä voi, ja nyt se menee näin!" - ja heittää pallon takaisin sun käteen.

Ja 'kakki on pelissä' tarkoittaa sitä, että piru ei pelaa reilua peliä - se huijaa (myös tekoälyä), nauraa ja jättää paskoja vihjeitä (kirjaimellisesti). Ehkä se onkin koko pelin pointti: golf on helvettiä, ja ainoa, joka siitä nauttii, on piru itse.

Opetus: Jos golf radalla kaikki menee päin persettä, älä syytä itseäsi - syytä pirua. Ja sitä, että ka(i)kki oli pelissä.

***

Golffari menee lääkäriin ja valittaa:
"Aina kun lyön kunnon driven, tulee hirveä kipu rintakehään!"

Lääkäri tutkii ja kysyy: "Oletko kokeillut lyödä lyöntejä hieman lyhyemmillä mailoilla?"

Golffari: "No millä... rautaseiskallako?"

***

Eräs golfaaja oli niin huono, että hänen caddiensa aina kannusti: "Hieno yritys!" kun pallo meni ojasta toiseen.

Lopulta golfaaja ärähti: "Lopeta tuo huijaus – tiedän, että olen surkea!"

Caddie vastasi: "Mutta herra, minä en ole koskaan nähnyt ketään, joka osuisi 'niin tarkasti' joka kerta ojaan!"

***

Golffari pyytää neuvoa prolta: "Miten pääsen eroon kauheasta hookistani?"

Pro vastaa: "Yksinkertainen vinkki - kun lyöt, pidä molemmat silmät kiinni koko ajan!"

Golffari: "Mutta miten sitten näen, mihin pallo menee?"

Pro: "Älä huoli - et halua nähdä sitä muutenkaan!"

***

Kilpailevat golffarit keskustelevat:

"Miksi sinulla on aina niin hyvä tuuri?"

"Koska harjoittelen enemmän!"

"Miten harjoittelu liittyy tuuriin?"

"No, mitä enemmän harjoittelen, sitä enemmän minulla on tuuria!"

****

Miksi golffari vei varjonsa terapiaan?
 Se ei enää seurannut häntä greenille.

****

Miten tunnistaa rehellisen golffarin?
 Ei mitenkään. Hän kertoo itse olevansa rehelli-
nen - ääneen, useaan kertaan.

****

Mitä yhteistä on golffarilla ja salapoliisilla?
 Molemmat etsivät koko päivän jotain, jonka itse
hukkasivat.

****

Miksei tennispelaaja koskaan kanna kolmea pal-
loa golf-kentällä mukanansa?
 Koska, jos hän löytää kadonneen pallon, joutuu
hän kuitenkin palauttamaan yhden!

****

Golfaaja valittaa kumppanilleen:
 "Tämä maila on täysin kelvoton!"

"Älä syytä mailaa", kumppani vastaa. "Et ole edes osunut sillä palloon!"

***

Mitä eroa on huonolla ja hyvällä golfaajalla?
Huono golfaaja hermostuu, kun ei osu väylälle.
Hyvä golfaaja hermostuu, kun ei osu greenille.
Ammattilainen hermostuu, kun ei osu 'sweet pottiin'.

***

Miksi golf on vaikein urheilulaji?
Koska sinun täytyy lyödä pientä palloa hiljaiseen puistoon - ja silti kaikki ympärillä huutaa:
"MIKSI ET OSU SIIHEN?!"

***

Mikko ei koskaan oikeastaan pitänyt golfista. Aluksi se oli vain pomo, joka pakotti hänet mukaan yrityksen golf-viikonloppuihin. Hän osti mailat, vaikka olisi ennemmin ostanut uuden jääkaapin. Hän harhautui kentälle, vaikka mieluummin olisi lukenut kirjaa tai viettänyt aikaa perheensä kanssa.
Mutta pikkuhiljaa, täysin tahtomattaan, Mikko huomasi viettävänsä enemmän aikaa viheriöllä

kuin kotonaan. Muille hän sanoi sen olevan 'verkostoitumista', mutta lopulta hän tajusi, ettei hänellä ollut enää mitään muuta.

Hän ei nähnyt lasten kasvavan aikuisiksi, eikä vaimonsa hiusten harmaantumista. Mutta hän näki jokaisen väylän pienimmätkin korkeuserot ja osasi kertoa, milloin greeni on leikattu viimeksi. Golf ei ollut enää harrastus. Se oli identiteetti, panssari epäonnistumista vastaan. Sillä kentällä Mikko pystyi selittämään tappiot itselleen: huono lyönti, väärä tuuli, välineet - ei hän itse.

Kotona asiat murentuivat hiljaa. Ainoa asia, joka ei vaatinut anteeksipyyntöä tai ymmärrystä, oli golfpallo. Se ei koskaan valittanut. Se joko lensi tai ei - yksinkertaista, rehellistä, julmaa.

Lopulta Mikko seisoi yksin sateisella kentällä, maila kädessään, vesi valuen hänen kauluksestaan alas kuin elämä hänen ympäriltään. Hän tähtäsi. Hän löi. Hän ei muistanut enää miksi. Mutta golf oli vielä siinä. Aina siinä.

23. Himopelaajat

Jokainen muistaa (jos muistaa), miten aikanaan 'hurahti' golfiin. Joillakin meistä se tarkoitti, ettei ollut vapaa-ajan ongelmaa, vaan kaikki aika meni lajille, joskus kolmekin kierrosta saman päivän aikana ja kotiin vasta, kun ilta oli jo niin hämärä, että oli vaarassa hukata pallot.

***

Miksi himogolffari ei koskaan pelaa pokeria?
Koska hän ei pysty olemaan koko kierrosta naama peruslukemilla!

***

Mitä himogolffari sanoi, kun vaimo pyysi häntä viettämään vähemmän aikaa kentällä?
"Rakas, yritän parantaa avioliittoani – nyt jo puttaan paremmin kuin koskaan!"

***

Miten tunnistat himogolffarin hautajaisissa?
Hän on ainoa, joka nostaa päästään lippalakin.

***

Miksi himogolffari nukkui mailat kainalossa?
Koska hän halusi nähdä sweet spot -unia.

***

"Miten sait netissä vanhasta draiveristasi niin hyvän hinnan?"
"Laitoin ilmoitukseen, että 'sweet pot koskematon'."

***

Mikä on himogolffarin suurin painajainen?
Se, että hänen mokkuloissaan kasvaa oikea ruohoa!

***

Mikä ero on himogolffarilla ja ammattilaisgolffarilla?
Ammattilainen käyttää kymmentä mailaa ja himogolffari kymmentä verkkokauppaa.

***

Mikä on himogolffarin lempijuoma?
'Hole-in-one'... eli yksi kahvi, kun hän jää katsomaan golf-videoita yömyöhään.

***

Kuinka tunnistaa himogolffarin työhuoneen?
Siellä on enemmän mailoja kuin papereita.

***

Golfarin rukous
Eräs mies, nimeltään Kalevi, oli pakkomielteinen
golffari. Hän pelasi sateella, lumessa, jopa vai-
monsa synnytyksen aikana. "Se nyt kesti kuiten-
kin monta tuntia...". Hän oli täysin koukussa.
Eräänä yönä Kalevi rukoili:
"Rakas Jumala, olen ollut sinulle uskollinen
(paitsi sunnuntaiaamuisin golfkentällä). Antai-
sitko minulle yhden täydellisen golfkierroksen –
yksin, hiljaisuudessa, ilman odottelua ja täydel-
lisessä säässä?"
Yllättäen taivaallinen ääni vastasi:
"Hyvä on, Kalevi. Huomenna aamulla klo 6.00.
Mutta muista, kukaan ei saa tietää."
Kalevi oli innoissaan. Hän hiipi ulos kotoa, ajoi
tuntemattomalle kentälle ja huomasi sen olevan
taianomaisen kaunis. Kukaan muu ei ollut pai-
kalla.
Ensimmäisellä väylällä hän löi 280 metriä suo-
raan keskelle väylää. Seuraavalla väylällä eagle.

Kolmannella tuli sitten jo *holari*. Kierros jatkui samalla tavalla. Täydellinen peli.

Viimeisellä väylällä Kalevi löi vielä toisen hole in one -lyöntinsä. Hän tuuletti hurjasti, polvistui nurmelle ja huusi kohti taivasta:

"Kiitos herra! tämä oli uskomatonta!"

Jumala nyökkäsi pilven takaa ja vastasi:

"Kiitos, Kalevi. Mutta kerrohan nyt - kiinnostaisi tietää - kenelle aiot tästä kierroksestasi kertoa?"

***

Mistä tunnistat himogolffarin?

Hän saattaa olla golfkentällä vielä aamun ensimmäisellä kahvitauolla!

***

Miten tiedät, että joku on himogolffari?

– Ei hätää, hän kertoo sen sinulle ennen kuin ehdit sanoa 'putti'.

***

Miksi golffari ei voi olla hyvä valehtelija?

Koska jokainen lyönti kirjataan – ja caddie muistaa kaiken.

***

Mitä himogolffari sanoi, kun hänen vaimonsa kysyi, mihin rahat meni?
"Investoin wedgeihin. Ne säilyttävät arvonsa... toisin kuin sohva."

***

Kolme himogolffaria. Kari, Timo ja Jukka - pelasivat joka viikonloppu. Satoi tai paistoi, kentälle mentiin.
Eräänä sunnuntaina heidän vaimonsa kyllästyivät: "Yksi viikonloppu ilman golfia – tai nukutte klubitalolla."
Kaverit miettivät hetken. Sitten Timo ehdotti:
"Pidetään salainen kierros. Me sanotaan, että mennään Ikeaan."
He toteuttivat suunnitelman. Kierros sujui hyvin - kunnes Jukka upotti birdien ja huusi täysillä:
"YES! Birdie ja uusi henkilökohtainen ennätys!"
Samalla hetkellä pusikosta nousi Jukan vaimo, Ikean kassi kädessä:
"Ja minä kun luulin, että hyllyn kokoaminen sai sinut huutamaan tuolla tavalla."
Lopputulos?
Jukka nukkuu edelleen klubitalolla. Ja golfbägi sai oman Ikean peiton.

24. Tosi kilpailijat

Golfissa pelaajan tärkein kamppailu on taistelu omia ajatuksiaan vastaan.

***

Tosi kilpailijat - ne, joille mikään ei ole liian pientä tai merkityksetöntä voittamisen tiellä.

***

Kaukana tavallisten klubipelaajien letkeästä sunnuntaikierroksesta, missä tärkeintä on hyvä seura ja ehkä kylmä juoma kierroksen jälkeen, elää pieni mutta päättäväinen joukko - golfin tosi kilpailijat.

He ovat niitä, jotka saapuvat kentälle kaksi tuntia ennen tiiaikaa. He eivät lämmittele, he valmistautuvat sotaan. He tietävät tuulen suunnan ja kosteuden prosentteina. Heillä on pelikirjat jokaiselle väylälle. He vertaavat edellisen viikon kierrosten TrackMan-dataa. He vaihtavat pallon, jos sen pinnassa on mikroskooppinen naarmu. "Koska se vaikuttaa lentorataan."

Yksi heistä on Kari, entinen kilpatennispelaaja, joka löysi golfin 'vain kilpailun vuoksi'. Hänellä on caddie, vaikka pelaa amatöörikisassa, koska 'keskittyminen pitää maksimoida'. Hän ei puhu pelin aikana - paitsi itselleen, ääneen: "Mitä sun päässä oikein liikkuu, Kari?!"

Toinen on Minna, insinööri, joka pitää Excel-taulukkoa jokaisesta lyönnistään. Hän on muokannut bägiinsä painojakaumaa ja tekee swing-videon jokaiselta kierrokselta. Hän ei hyväksy huonoa chippiä – se on analyysin paikka, ei anteeksipyyntöjen.

Heidän maailmassaan bogi ei ole 'ihan ok' - se on henkinen tappio. Ja kun kilpailu on tiukimmillaan, viimeisellä reiällä, he eivät toivo hyvää peliä - he mittaavat toistensa etäisyysmittarit, vertaavat slope-laskureita ja epäilevät hiljaa, ettei toisen draiveri ehkä ole ihan sääntöjen mukainen...

Mutta kun kortit on jätetty, ja tulos on hyväksytty, tulee hiljainen hetki. Kättä lyödään yhteen, ehkä jopa hymyillään. Koska vaikka kyse on verisestä kilpailusta, he tietävät, että vain toinen voi voittaa - ja se tekee pelistä täydellisen.

***

Keskivertogolfaaja lähtee kentälle rentoutumaan. Hän pelaa draiverilla, joka tuntuu kivalta, ja ehkä jopa käyttää palloa, jonka löysi viime kierroksella pusikosta.

Mutta ei tosi kilpailija. Tosi kilpailija herää klo 4:45 aamulla, syö proteiinipuuroa ja meditoi griinien nopeudesta. Hänellä on kahdeksan eri golf-käsinettä - yksi kutakin kosteustasoa varten. Hän testaa ilmanpaineen joka reiän alussa ja säätää svinginsä siihen sopivaksi.

Hänen bäginsä kyljessä lukee isolla: "VOIT-TAJA".

Kilpailija #1: Jorma 'Joukkueena-Minä' Järvinen: Jorma ei pelaa golfia – hän kilpailee elämää vastaan. Hänellä on Garmin-ranneke, joka lähettää verenpaineen suoraan hänen valmentajalleen. Hän kirjaa ylös kaikki lyöntinsä kolmeen eri sovellukseen ja yhdelle paperille, 'koska varmuus ennen kaikkea'.

Jos putti lipsahtaa ohi, Jorma ei puhu 17 minuuttiin. Hän katsoo greeniä kuin se olisi pettänyt hänet henkilökohtaisesti.

Kilpailija #2: Leena "Laser-Silmä" Lehtonen: Leenalla on etäisyysmittari, jonka voisi luulla sotilasluokan drooniksi. Hän mittaa etäisyyksiä myös muiden pelaajien puolesta. Hän ei tee sitä ystävällisyyttään - hän haluaa varmistaa, ettei kukaan 'arvaa metriäkään väärin'.

Huhutaan, että Leena kerran diskasi aviomiehensä perhekilpailussa, koska tämä vahingossa droppasi pallon 'viisi senttiä väärään suuntaan'.

Kilpailu huipentuu klubitalolla. Kilpailun jälkeen tosi kilpailijat eivät jää terassille oluelle. He menevät kotiin katsomaan GoPro-videonsa kierrokselta - analysoimaan, miksi birdie jäi saamatta reiällä 14, vaikka tuuli oli 'täsmälleen 2,1 m/s eteläkaakosta'.

Ja voittaja?

No, se oli tietenkin 'sääntöjen henki', jota kaikki siteerasivat mutta kukaan ei täysin ymmärtänyt.

***

Kun golfin epäviralliset maailmanmestaruuskisat – eli neljän klubipelaajan omakeksimä viikonloppukisa Vuokatissa – on saatu päätökseen, on aika siirtyä iltaan, jota pelätään ja odotetaan enemmän kuin itse kilpailua: saunailta analyysillä.

Osallistujat:

Jari, insinööri, jolla on Excel-taulukko jokaisesta pelaajasta vuodesta 2013.

Pete, jonka mielestä kaikki griinit olivat vinossa ja tuomari oli puolueellinen (ei ollut tuomaria).

Mikko, joka ei voittanut, mutta "nautti tunnelmasta" - eli kerää todisteita seuraavaa vuotta varten.

Antti, voittaja. Ainoa, jolla on vielä pyyhe päällä, koska hän on jääkylmästä saunasta huolimatta täynnä itseluottamusta.

Ensimmäiset 10 minuuttia ovat hiljaisia. Löylyä heitetään. Kukaan ei katso toisiaan. Sitten se alkaa.

Jari: "Jos katsotaan tilastollisesti, niin sun draivit meni keskimäärin viisi metriä vasemmalle."

Pete: "Ei se ollut draivi, se oli tuuli. Sitä paitsi griinit olivat hidastuneet iltapäivään mennessä."

Antti (hiljaa): "Mä kyllä tein birdien sillä reiällä, vaikka satoi vaakasuoraan."

Mikko: "Mulla oli hyvä meininki. Harmi vaan että putteri oli tänään ku jäinen lohi."

Samaan aikaan Jari kaivaa kännykän esiin ja avaa TrackMan-sovelluksen. Kaikki kääntyvät katsomaan, vaikka väittävät olevansa kiinnostumattomia.

Taktiikkaa pohditaan: olisiko pitänyt pelata varmemmin väylällä 6?

Antti ei sano mitään – hän ei analysoi, hän vain voittaa.

Sitten Pete ottaa viimeisen oluen. Mikko oli laittanut sen piiloon, mutta Pete löysi sen.

Tunnelma kiristyy. Pyyhkeet kiristyvät. Kukaan ei puhu hetkeen.

Lopputulos:

Antti voitti kierroksen ja himoitun 'Saunamestari 2025' -lautasen, joka on oikeasti vanha frisbee, johon on kirjoitettu tussilla.

Pete lupasi, että ensi vuonna hän "hakee valmentajan ja uuden svingin".

Jari päätti rakentaa oman simulaattorin autotalliin.

Mikko? Hän vain sanoi: "Tärkeintä on, että oli kivaa." Ja kukaan ei uskonut häntä.

25. Golf on taidetta

Ollessamme Espanjan Almeriassa pelaamassa talviaikaan vuosia takaperin, Oili - taiteellinen sielu kun on - ihaili pelikentältä rannikkomaiseman taustalla kohoavaa jylhää vuoristoa, jossa auringon valo heijastui huipuilta ja laaksoista monen kirjavissa väreissä. Hän huokasi haikeasti ja syvään:
”Nuo vuoret haluaisin maalata.”
Seppo totesi siihen yksikantaan:
”No siihen kuluisi tosi paljon maalia!”

***

Mies tulee kotiin silmä mustana.
Vaimo kysyy: "Mitä ihmettä on tapahtunut?!"
Mies vastaa: "Lyötiin golfia kavereiden kanssa. Mä löin melkein holarin ja hypin ilosta niin kovaa, että maila lipsahti kädestä ja osui naapuriväylälle pelaajan silmään."
Vaimo: "Eikä! Mutta miten sinä sait silmäsi mustaksi?"
Mies: "No... se oli se seuraava lyönti."

***

"Golf on taidetta – paitsi jos kysyt mun tuloskor-
tilta, se sanoo, että se on tragikomediaa."

***

Golf on taidetta – muista svingissä:
 Eee – del – weis... EE – DEL - WEIS."

***

"Golf on taidetta: tarvitaan paljon tunteita, vä-
hän logiikkaa ja joku, joka katsoo vierestä ja väit-
tää ymmärtävänsä."

***

"Golf on taidetta – siinäkin riittää, että joku muu
maksaa ja sinä seisot hiljaa viheriöllä teesken-
nellen tietäväsi mitä teet."

***

Mestarin kierros
Taiteilija Erkki oli vaihtanut penselin draiveriin.
Hän oli sitä mieltä, että golf on kuin maalaamista
- tarvitaan visio, tunnetta ja kykyä hyväksyä sat-
tuman rooli mestariteoksessa. Vaimolle hän sa-
noi lähtevänsä 'luontoretkelle', mutta todelli-
suudessa golfkenttä oli hänen ateljeensa.

Ensimmäisellä tiillä Erkki veti pallon suoraan metsään. "Abstrakti aloitus", hän nyökkäsi tyytyväisenä.

Toisella väylällä bunkkeri kutsui kuin kriitikko keskeneräistä maalausta. Erkki jäi sinne kolmeksi lyönniksi. "Tämä on osa prosessia", hän vakuutti pelikavereille. "Jokainen mestariteos tarvitsee syvyyttä."

Kolmannella viheriöllä hän käytti putteria kuin hienoa sivellintä - heilautus, pysähdys, pallo kaarteli kupin reunalle ja pysähtyi. Erkki katseli sitä hiljaa. "Symbolinen teko. Tiedättehän, keskeneräisyyden kauneus."

Pelikaverit eivät tienneet.

Lopulta 18. reiän jälkeen Erkki istui klubitalolla ja piirsi tuloskorttiin numeroita niin kuin olisi signeerannut surrealistisen teoksen. Tulokseksi tuli 112. "Korkea luku – paljon tunnetta," hän totesi ja tilasi kahvin.

"Golf on taidetta", Erkki hymyili. "Ja minä olen selvästi vielä modernin kauden alkutaipaleella."

***

Miksi golf on taidetta?

1. *Maalauksellinen maisema*: Golfaaja on kuin impressionistinen taidemaalari, joka raapustaa värejä (lue: palloja) ympäri luonnonkaunista

maisemaa. Jokainen rata on oma taulunsa – ja joskus se 'taide' päätyy vesistöön tai pusikkoon.

2. *Dramaattinen esitys:* Golf on täynnä Shakespearea: tragediaa (kolme kertaa bunkkerissa), komediaa (yritys lyödä puusta) ja jännitystä (lasketaanko tämä kymmenen metrin putti?).

3. *Minimalistiset eleet:* Kun lyöt 300 metrin driven ja se menee puolen metrin päähän reiästä, se on kuin modernia abstraktia taidetta – kukaan ei ymmärrä, miten se onnistui, mutta kaikki nyökyttelevät 'syvällisesti'.

4. *Performanssi*: Golf on jatkuvaa performanssitaidetta, jossa yleisö (eli muut pelaajat) kärsii hiljaa, kun toistat saman virheen 18 kertaa. Ja kuten taiteessa, tulkinta on vapaa – "ei, tämä ei ollut huono lyönti, tämä oli 'kokeellinen lähestymistapa'."

5. *Avantgarde-käsitteet*: 'Mulligan' on kuin taiteen uudelleentulkinta – jos et pidä ensimmäisestä versiosta, vedät uuden. Ja 'handicappi' taas on osoitus siitä, että pelkkä luovuus ei riittänyt tällä kertaa.

Eli golf on taidetta, koska se on kallista, kukaan ei täysin ymmärrä sitä, ja aina joku selittää, miksi sinun pitäisi arvostaa sitä enemmän!

26. Jääräpäinen ei pärjää

Golfiin kuuluu olennaisena osana maltti ja harkinta valittaessa pelilinjoja ja strategioita pelin eri tilanteissa.

 Pelatessamme SGS:n senior tourilla Sastamalassa Pirunpellon kentällä, joka mielestäni on kyllä nimensä veroinen, oli peliryhmässäni yksi pelaaja alle 10 tasoituksella (selvä ennakkosuosikki). Heti ensimmäisestä väylästä alkaen kävi selväksi, että pitkät lyönnit draiverilla olivat hänen tavaramerkkinsä. Kapeilla ja mutkaisilla väylillä hän itsepäisesti avasi draiverilla. Jotkut avaukset onnistuivat, mutta suureksi osaksi lyönnit päätyivät metsään. Jos olet pelannut Pirunpellolla, tiedät kuinka kivikkoisia metsän reunat siellä ovat. Jos pallo löytyikin, ei sitä voinut sieltä jatkaa ilman rangaistuslyöntejä. Palloja katosi ja välillä otettiin peliin vasta kolmas varapallo ja tuloksiin merkittiin suuria lukuja. Ei siis menestystä. Tulos yli 110. Maltilla ja mailavalinnoilla hän olisi varmasti olut kärkikahinoissa.

***

Arvon (72 v) jääräpäisyys ei näkynyt vain sään uhmaamisessa – se näkyi jokaisessa lyönnissä, askeleessa ja päätöksessä kentällä.

Ensinnäkin Arvo ei koskaan käyttänyt draiveria. Hän väitti sen olevan 'turhamaisten hifistelijöiden lelu' ja löi avauksensa aina rautaseiskalla - jopa par5 -väylillä. Kun muut ottivat mittaa 250-metrisistä avauksista, Arvo napautti pallon 130 metriä suoraan - tai ainakin suoraan puskaan, mistä hän yleensä tokaisi:

"Se oli strateginen sijoitus seuraavaa lyöntiä varten."

Toiseksi hän ei koskaan ottanut droppeja. Vaikka pallo olisi uponnut lammen pohjaan tai liukunut kanin koloon, Arvo marssi paikalle, mittaili hetken ja julisti:

"Kyllä se vielä löytyy, en minä uutta palloa käytä."

Usein hän vietti niin kauan pensaikossa, että takana tuleva ryhmä ehti järjestää piknikin.

Kolmanneksi hän ei hyväksynyt teknologiaa. Kaikilla muilla oli laseroivia etäisyysmittareita, älykelloja ja sovelluksia, mutta Arvolla oli vanha, hiirenkorville kulunut muistivihko, johon hän oli joskus 80-luvulla itse mitannut kentän esteiden etäisyydet askelilla.

"Minä mittasin nämä, kun niityillä vielä laidunsi lehmiä, kyllä ne pitää paikkansa!"

Yksi legendaarinen tapaus oli, kun Arvo puttasi kahdeksan kertaa greenillä, koska kieltäytyi vaihtamasta tapaa, jolla oli putannut vuodesta

1965. Kun joku ehdotti, että hän kokeilisi uusinta spider-putteria, Arvo murahti:
"Jos tämä putteri toimi silloin Neuvostoliiton aikaan, pitää sen toimia nytkin."
Silti, kaiken jääräpäisyyden keskellä, Arvolla oli oma charminsa. Hän ei voittanut kisoja, mutta voitti kaikkien kunnioituksen – ja joskus pelkällä sisullaan myös koko väylän, vaikka se veikin 11 lyöntiä.

27. Seurustelulaji

Golfin suurimpia viehätyksiä on sen sosiaalisuus ja siihen liittyvä seurustelu. On seurojen pelimatkoja, pariskuntagolfia, naisten 'mansikoita ja skumppaa' -tapahtumia ja muita leikkimielisiä kilpailuja, joissa pelaajat tutustuvat toisiinsa ja viettävät aikaa yhdessä muutenkin kuin vain golf-kierroksella.

Seuramme kävi joitakin vuosia sitten kesän pelimatkalla Raumalla ja pelien jälkeen klubilla oli jaettu varsinaiset palkinnot. Oma mottoni oli, että 'keskityn aina arvontaan'. Olin silloin onnekkaan golffarin maineessa, joka rohmusi arvontapalkintoja. Niinpä silloinkin voitin naistoimikunnan jakaman arvontapalkinnon.

Kun sitten tuli aika lähteä paluumatkalle, niin bussissa oli vielä 8 kaljapulloa korissa. Väki päätti, että ne jaetaan miesten kesken. Koska mukana oli 10 miestä, piti järjestää arvonta. Arvottiin ne kaksi, jotka jäävät ilman kaljaa.

Taas voitin!

***

Kaksi pariskuntaa oli pelaamassa golfia. Kun he saapuivat neljännelle väylälle, toinen mies huomasi, että hänen vaimonsa löi pallon suoraan

kohti puuta – ja siitä pallo kimposi ja osui suoraan hänen otsaansa.
Toinen mies sanoi:
 "Vau, tuo oli hurja osuma! Onneksi ei käynyt pahemmin!"
Ensimmäinen mies huokaisi:
 "Joo... ja pahinta on, että se oli hänen paras lyöntinsä koko kierroksella!"

***

Eräänä päivänä mies menee ensimmäiselle treffipäivälleen naisen kanssa. Nainen ehdottaa, että he pelaisivat golfia rentoutuakseen. Mies, joka ei ole koskaan ennen golfannut, suostuu innolla.
 He menevät radalle, ja mies yrittää parhaansa mukaan, mutta jokainen lyönti menee päin honkia – pallo kimpoilee puista, uppoaa vesiesteisiin ja jopa osuu erääseen odottavaan golfkärryyn. Lopulta he saapuvat viimeiselle väylälle, ja mies päättää antaa kaikkensa. Hän heilauttaa mailaa kunnolla, ja pallo lähtee lentoon kuin ammuttuna - suoraan kohti viheriötä! Pallo pomppaa kerran, kaksi ja... *plop*... putoaa suoraan reikään!
 Mies on täysin pöllähtänyt ja huutaa:
"Hole in one! Mahtavaa! Se oli ensimmäinen kunnon lyöntini koko päivänä!"

Nainen katsoo häntä hymyillen ja sanoo:
"No, ehkä meidän kannattaisi silti keskittyä enemmän seurusteluun kuin golffiin..."
Mies nyökkää ja vastaa:
"Joo, ehkä sulla on pointti. Ehkä voidaan pelata minigolfia."

***

Nuori pitempään lajia harrastanut nainen sai peliseurakseen vasta vuosi sitten pelaamisen aloittaneen nuoren miehen, joka vaikutti muuten ihan mukiinmenevältä, mutta oli 'aloittelija'.
"Mitähän tästä kierroksesta tulee, kun tasoero on näin iso?", ajatteli nainen. Mutta päätti silti yrittää nauttia kierroksesta.
Peli meni juuri niin kuin nainen oli pelännyt. Lyöntejä sinne tänne. Kahlausta esteissä. Huteja!
Pelin parantamiseksi he päättivät keksiä pieniä kannustimia miehen peliin. Pelattiin reikää 12 ja mies virkkoi: "Tarjoan klubilla juoman, jos onnistun ylittämään tämän 100 metrin vesiesteen avauslyönnillä."
Nainen otti tarjouksen vastaan ja toivotti onnea.
Mies yritti kyllä parhaansa, mutta lyönti jäi auttamattomasti lyhyeksi. Seuraavalla väylällä mies löi pallonsa bunkkeriin ja kysyi:

156

"Annatko minulle golf-opetusta, jos onnistun pääsemään bunkkerista yhdellä lyönnillä?"
Nainen lupasi: "Totta kai!"
 Mies keskittyi ja huitaisi santalyönnin, joka valitettavasti putosi takaisin bunkkeriin. Hän tuskastui ja huitoi 5 lyöntiä, ennen kuin pääsi pois bunkkerista. Naisenkin kävi jo vähän sääliksi.
 Peli jatkui samaan malliin ja tultiin viimeiselle väylälle. Väylä meni jo kohtuullisesti, muttei silti mitenkään loistavasti. Mies kuitenkin sai pallonsa 15 m päähän reiästä viheriölle.
 Hän kaivoi esiin putterinsa ja tiedusteli:
 "Vietätkö kanssani intiimin illan, jos satun saamaan putin yhdellä sisään?" Nainen jäi miettimään. Mies jo valmistautui puttaamaan, kun naiselta pääsi vieno kuiskaus:
 "Se on annettu!"

***

Jos treffit menevät päin seinää, golf voi olla hyvä jäänmurtaja – tai ainakin tarjota keskustelun aiheita ja hyvät naurut jälkikäteen!

***

Golfklubilla järjestetään vuosittainen, vain naisille suunnattu hyväntekeväisyyskilpailu, jonka

157

nimi herättää meissä miehissä suunnatonta kiinnostusta ja hämmentävää kateutta: 'MANSIKOITA JA SKUMPPAA'.
Timo on golfklubin varapuheenjohtaja, jonka uteliaisuus on lähes pakkomielteistä.
Jari on ikuinen sinkkumies, joka kuvittelee kaiken olevan villiä juhlintaa.
Eero taas on hiljainen tarkkailija, joka pitää salaa päiväkirjaa klubin elämästä.
Mitä miehet kuvittelevat tapahtuvan:
"Se on varmasti joku samppanjasuihku-rituaali, vähän kuin Formula 1:ssä."
"Ei ei, ne laittaa putterin varteen vaaleanpunaisia sulkia ja lyö korkokengissä!"
"Väitän että siellä pelataan strip-golfia... tai ainakin kuohuviinitasting-bingoa."
Miehet yrittävät salakuunnella väylän laidan pusikosta (vahingossa ampiaisparven keskellä), lennättävät dronen (joka törmää pullasorsaemoon) ja lopulta naamioituvat caddieiksi (jolloin Eero paljastaa osaavansa yllättävän hyvin meikkausta).
Totuus paljastuu:
Kun yksi naisista – Satu, entinen kapteeni – lipsauttaa, että kisassa on 'sekä vaahtokarkkien etäisyyspudotus että flirttibunkkeri', miehet uskovat salaliittoon.
Epäilyttävintä tapahtumassa oli naisten kirkuminen ja ilakointi, joka kaikui yli lahden. Se

paljastui miehille, kun he rantapusikossa piiles-
kellen todistivat alastomien nymfien kirmailun
saunasta laiturille ja sirot sukellukset veteen.
 Lopulta paljastuu:
 Kisa on kuin mikä tahansa ystävällismielinen
scramble-turnaus – mutta paremmalla tarjoi-
lulla, iloisemmalla pukeutumisella ja palkintona
saunassa mansikkakakku ja pullollinen kuplivaa
jokaiselle. Hauskaa kyllä, se on aidosti rentout-
tavampi ja yhteisöllisempi kuin miesten kisat,
joissa väännetään tiukkaa tasoitusdraamaa ja
analysoidaan lyöntikulmia laserin tarkkuudella.
 Lopulta miehet jäävät seisomaan klubin teras-
sille kaljapullon äärelle, hiljaa. Timo huokaa:
 "Ehkä ensi vuonna järjestetään meillekin 'Mak-
karaa ja lageria' -kisa."
 Jari: "Ja yritetään pitää yhtä hauskaa..."

***

Miksi golf on parempaa kuin avioliitto?
Koska, jos tekee syrjähypyn, voi aina sanoa, että
se oli 'vahingossa slice'.

28. Seniilit seniorit ja nuoret varsat

Suuri osa vanhoista golffareista on aloittanut pelaamisen vasta keski-iässä tai eläkkeelle jäädessään. Ne, jotka ovat aloittaneet jo nuorena, muistavat (jos muistavat), kuinka silloin pallo lensi yli 100 metriä pidemmälle kuin nyt, mutta nyt keskitytäänkin lähipeliin.

 Nuorilla on niin paljon harrastusmahdollisuuksia, että golf lajina joutuu ankarasti kilpailemaan nuorista jäsenistä. Lajia saatetaan kokeilla, mutta vain harvat (fiksuimmat) saavat siitä kärpäsen. Nuorilla kehittyminen on kuitenkin huimaa ja hetkessä aloitteleva nuori ohittaa taidoissa vanhat pierut (seniorigolffarit).

 Laji kuitenkin yhdistää seniilit seniorit ja nuoret varsat huumorilla ja yhteisillä kokemuksilla.

***

Mikä on pitkän iän salaisuus: 'GOLF!'
 Odotus parhaasta kierroksesta elää aina vaan!

***

Yksi klubin konkareista istui kahvilla ja sanoi:
 "Ennen saattoi juoda oluet, polttaa sikarin ja silti pelata alle 80."

Vieressä istuva nuorempi kysyi:
"Mikä muuttui? Ikä vai sääntö?"
"Näkö ja muisti."

***

Nuorten golffareiden joukko seisoo hupparit harteilla ja meikit valmiina kaupungin ainoan mustamaalatun bussipysäkin vieressä, kun yhtäkkiä heidän eteensä astuu ryhmä harmaahiuksisia, nahkatakkisia 'vanhan koulun golffareita'. Hiljaisuus. Tuuli vinkuu.
 Nuori golffari (sylkeä nieleksien): "Öö... te ootte niinku meidän vanhimpia golffareita?"
 Vanha golffari (nostaa silmälasejaan ja virnistää hampaattomasti): "Me pelattiin golfia jo silloin, kun teidän vanhempanne kääriytyivät vielä farkkupoikien 'Jameksiin'."
 Nuoret golffarit vaihtavat epävarmoja katseita. Yksi yrittää pelastaa tilanteen: "Me kuunnellaan Mayhemia ja meidän liivit on täynnä ite tehtyjä koristeita!"
 Vanha golffari (nauraa käheästi): "Me soitimme Elvistä c-kaseteilta ja revimme omat liivimme oikeista hautausmaalakanoista!"
 Nuoret golffarit lysähtävät. Yksi yrittää vielä:
"Meillä on TikTokissa golfin meikkitutoriaaleja!"

161

Vanha golffari (pyörittää silmiään): "Me opimme meikkaamaan kyyneleemme ja musteen avulla, kun koulun talkkari potki meidät ulos!"
 Lopulta nuoret golffarit kumartavat kunnioituksesta, ja vanhemmat golffarit nyökkäävät hyväksyvästi. Molemmat ryhmät jatkavat matkaansa kohti lähintä parkkipaikkaa - nuoret kuunnellen musaa Spotifysta, vanhat kuunnellen nauhoja rahisevan Wolkmanin avulla.
 Niin sukupolvet kohtasivat, eikä kukaan edes loukkaantunut - paitsi ehkä symbolisesti.

***

Kaksi vanhaa golffaria istuu hautausmaan penkillä.
 "Muistatko vielä, kun meillä oli energiaa vetää yökännit ja kiivetä kirkon torniin?"
 "En... mutta tämä himmeä muistisairaustila on ihan ok."

***

Seniorigolffari yrittää järjestää syntymäpäiväjuhliaan:
 "Haluan mustat kynttilät, mustan kakun ja mustat pallot!"
 "Mutta herra Virtanen, tämä on teidän 80-vuotissynttärit, ei mikään Burzumin keikka."

162

"Kaikki on synkkää, kun muistaa ettei muista mitään."

***

Naisseniori:
"Haluan mustan meikin ja piikikkäät nahkahanskat!"
"Mutta rouva, teidän pitää ottaa verenpainelääkkeet ensin."
"Veri on todellakin liikaa paineessa nykyään."

***

Vanha golffari on kaupungilla.
Nuori golffari: "Hei, sä näytät ihan mun isoisältä!"
Seniorigolffari: "No huh huh, olinhan mä aikoinaan aika kova jätkä."
Nuori golffari: "Öh... sähän oot mun isoisä."
Seniorigolffari (kyyneltippa silmäkulmassa):
"Tiedän. Olin kova jätkä."

***

Golffarivanhus apteekin jonossa:
"Yksi annos synkkää epätoivoa, kiitos."
Apteekkari:
"Sairauskassan piikkiin?"

Vanhus:
"Ei, maksan käteisellä – kuten aina ennenkin."

***

Mikä erottaa nuoret ja vanhat golffarit?
 Nuoret valittavat, että "maailma on turha ja kolkko".
 Vanhat valittavat, että "krooninen kipu ja muistinmenetys on turhaa ja kolkkoa".

***

Miksi nuori golffari toi tikapuut kentälle?
 Hän kuuli, että väylällä on 'birdie'-taso!

***

Mitä tapahtui, kun juniorigolffari voitti ensimmäisen turnauksensa?
 Hän kehui niin paljon, että mailatkin taipuivat egoa väistellessään!

***

Miksi nuori golffari ei saanut tyttöystävää mukaan kentälle?
 Tyttö sanoi, että hän ei lähde minnekään, missä "hole-in-one" tarkoittaa jotakin hyvää.

***

Miksi seniorigolffari pelaa mieluiten aamulla?
 Koska hän unohtaa jo iltapäivällä, pelasiko hän tänään vai eilen.

***

Miksi seniorigolffari ei koskaan huijaa?
 Ei siksi, että hän olisi niin rehellinen, vaan koska hän ei muista tulostaan reikien välillä!

***

Mikä on senioreiden paras strategia golfkentällä?
 "Slow and steady" – niin hidasta peliä, että nuoremmat ehtivät vanheta odottaessaan.

***

Kahden nuoren, itsevarman pelimiehen kanssa samaan ryhmään sattui kierrokselle kaksi eläkeläistä: Arto ja Kalevi, aikanaan kovia nimiä kilpagolfissa - nykyään enemmän muistisäännöillä kuin muistilla liikenteessä.
 Kolmannella väylällä toinen nuorista lyö pitkän draivin ja tokaisee:

"Se oli varmaan päivän pisin lyönti!"
Arto vilkaisee Kalevia ja mutisee:
"Me vedettiin 70-luvulla tuon pituisia lämmitte-
lyksi."
Kalevi nyökkää:
"Eikä ollut edes alamäkeä."
Puolivälissä kierrosta nuoret alkavat hermostua,
kun vanhat herrat pysähtyvät jokaisella väylällä
miettimään, oliko tämä se, missä Arto joskus
teki hole-in-onen vai se, missä Kalevi löi lokin ta-
juttomaksi.
Lopulta yhdellä par-3-väylällä nuori pelaaja ky-
syy:
"No, muistatteko te herrat vielä, miten tuo väylä
pitää pelata?"
Arto vastaa hymyillen:
"Kyllä, mutta en muista enää, kummalla sil-
mällä tähtäsin silloin."
Kierroksen päätteeksi nuoret laskevat tulokset
ja huomaavat, että Kalevi on pelannut tuloksen
80 lyöntiä.
"Eikö se ollut jo melkoinen kierros teikäläi-
selle?"
Kalevi vastaa:
"Ehkä, mutta en kyllä kuolemaksenikaan
muista, milloin olisin pelannut enemmän."

****

Nuori golffari kierroksen alussa:
"Tehdäänkö pieni veto tästä kierroksesta?"
Kalevi:
"Tehdään vaan! Me Arton kanssa ei ehkä muisteta lyöntejämme, mutta ei muisteta häviöitäkään!"

***

Arto lyö avauksen suoraan metsään.
Nuori kysyy:
"Tarvitsetko toisen pallon?"
Arto:
"Ei, kiitos - otan sen saman uudestaan, en muista, että olisin lyönyt vielä."

29. Paska kenttä

Yleisesti ottaen golf-kentät hoidetaan erinomaisesti ja ammattitaidolla ja niillä on ilo pelata. Kentän hoito vaatii paljon kentän ylläpidon suunnittelijoilta ja kenttähenkilökunnalta työtä, josta iso osa tehdään aamuyöstä ennen kuin ensimmäiset aamuvirkut golffarit aloittavat kierroksensa. Kaikki kunnia heille!
 On tietysti myös poikkeavuuksia, yleensä tilapäisiä, jotka voivat johtua rahoituksesta, henkilötyövoiman alimitoituksesta tai muista syistä. Golffarit ovat varsin vaativaa sakkia ja kentän huonosta kunnosta tulee kyllä valituksia tai golffarit jopa äänestävät jaloillaan, jolloin talous menee vain enemmän kuralle.
 Hienointa ja viihtyvyyttä lisäävää on paitsi pelialueiden hyvä kunto myös ympäristön hoito, siisteys ja kauneusarvot.

***

Kentän kunto aina puhuttaa golffareita. Osansa saavat niin tiiauspaikkojen sijoitus, väylien kunto, bunkkerien hiekat kuin raffien ruohonpituus ja greenien tasaisuus, kaltevuus ja nopeus. Klassinen on huudahdus golffarin suusta hänen lyötyään hutin ensimmäisellä avauslyönnillä:

"Paska kenttä".
Puheissa tulee kuitenkin aina muistaa korostaa kentän hienoja ominaisuuksia ja kiittää kentän kuntoa eikä pelkästään ilmastollisia olosuhteita. Kiitos niille, jolle kiitos kuuluu.

****

Unski voitti kisan ja pitää voittopuheen palkintojen jakotilaisuudessa. Unskin pokka pitää, vaikka kenttä oli karmeassa kunnossa.
"Hyvät golfkaverit, arvon pelikaverit ja kentän eloonjääneet!
 Haluan ensinnäkin kiittää tästä upeasta voitosta – en tiedä oliko se taitoa, tuuria vai se, että olin ainoa, joka pysyi pystyssä bunkkerissa.
 Kenttä tänään... mitä siihen sanoisi. Väylät olivat upeasti muotoillut - kuin muistutus sodanjälkeisestä maisemasta. Harvoin pääsee lyömään palloa kuopasta, josta kaivettiin viime viikolla kantoja.
 Viheriöt olivat aivan uskomattomat. En tiedä missä muualla palloni olisi voinut tehdä kolme hyppyä, kääntyä ympäri ja palata omia jälkiään takaisin lähtöruutuun. Se vaatii suunnittelua - tai sitten kenttähoitaja on salaa jonglööri.
 Bunkkerit - rakkaat hiekkalaatikot - olivat tänään enemmän savipeltoja. Siellä ei lyöty 'explosion shotia', vaan kaivettiin kuin arkeologit. Löysin

wedgelläni muinaisen mailan ja ehkä yhden ek-
syneen golffarin vuodelta 2003.
 Tiiauspaikat - aivan loistavassa kunnossa! Niin
loistavassa, että ensimmäisellä väylällä tii kaa-
tui maahan ennen kuin ehdin lyödä. Se ei ollut
pelkkä tii - se oli keppi sodassa eloonjäämistä
vastaan.
 Kaiken tämän keskellä on pakko nostaa hattua
kenttähenkilökunnalle - on oikea taidonnäyte
saada kenttä näin tasaisesti epätasaiseksi.
 Mutta tiedättekö mitä - me pelasimme, nau-
roimme, kirosimme ja lopulta minä voitin, joten
kenttä oli täydellinen... ja kaikille sama.
Kiitos ja nähdään seuraavassa turnauksessa –
toivottavasti silloin viheriöt ovat vihreitä ja bunk-
kerit hiekkaa!"

***

"Kenttä oli niin huonossa kunnossa, että gree-
nillä palloni pysähtyi yllättäen – ei reikään, vaan
rikkaruohon juureen, joka yritti ottaa sen pantti-
vangiksi."

***

"Bunkkeri oli niin kova, että yritin kerran lyödä
palloa – ja sain mailasta tärähdyksen suoraan

olkapäähän. Lääkäri kysyi, pelasinko golfia vai kävinkö tappelemassa kivimurskaamolla."

****

"Väylä oli niin mutainen, että birdien sijaan sain sorsan. Ja sekin katsoi minua syyttävästi."

***

"Greenkeeperin salainen strategia oli ilmeisesti testata pelaajien luonnetta, ei taitoa. Koska viheriöt muistuttivat enemmän perunapeltoa kuin pelialustaa."

***

"Tiipaikat oli niin kaltevia, että kun asetin pallon, se vieri takaisin parkkipaikalle asti – ilmeisesti sekin halusi kotiin."

***

"Kentän kastelujärjestelmä toimii täydellisesti – se kastelee juuri ne paikat, joissa ei kuulukaan olla ruohoa."

171

30. Reikä 19

Golfissa '19. reikä' ei ole varsinainen pelattava reikä kentällä, vaan se on leikkimielinen ilmaisu, joka tarkoittaa peliä seuraavaa sosiaalista hetkeä - useimmiten klubitalolla tai baarissa. Siellä pelaajat rentoutuvat, käyvät peliä läpi ja nauttivat usein juomia tai ruokaa yhdessä. Golf-kierroksessa on siis 18 pelattavaa reikää, mutta usein 19. on vähintään yhtä tärkeä osa kokemusta! Vai miten on sinun kohdallasi?

***

Kaksi golffaria istuu klubitalolla 19. reiällä oluen äärellä kierroksen jälkeen.
Toinen huokaisee ja sanoo:
– "Tänään löin varmaan elämäni pisimmän draivin!"
 Kaveri kiinnostuu:
– "Ai jaa, kuinka pitkä se oli?"
– "No, se meni sisään vaimoni auton ikkunasta parkkipaikalla... ja hän on nyt matkalla äitinsä luo."

***

Kolme golffaria istui klubitalolla 19. reiällä, olut kädessä. Yksi sanoo:
– "Tänään löin niin hyvin, että caddiekin taputti!"
Toinen vastaa:
– "Minä pelasin niin hiljaisesti, että linnutkin palasivat puihin!"
Kolmas huikkaa:
– "Minä pelasin niin huonosti, että vaimokin soitti ja kysyi, missä olin oikeasti!"

***

Mies tulee kotiin golfkierrokselta roimasti myöhässä ja rähjäisenä. Vaimo kysyy:
– "Missä ihmeessä olet ollut?"
– "19. reiällä..."
Vaimo tiuskaisee:
– "Eikö se ole se baari?"
Mies vastaa:
– "No tänään se oli naapurikylän baari... ja sen omistajatar!"

***

Golf-kilpailun jälkeen seuraa 19. reiällä palkintojenjako ja joku pääsee mikin ääreen – ehkä se yksi tyyppi, joka aina vetää vähän yli, hiukan jo jurrissa:

Mikki narisee, yleisö taputtaa kohteliaasti. Pal-
kinnot on jo jaettu, mutta yksi golfari katsoo
asiakseen nousta lavalle puhetta pitämään.
"Kiitoksia, kiitoksia - upea kisapäivä takana! 18
reikää, vähän päälle 72 lyöntiä... tai no, mulla
113, mutta kuka niitä laskee.
Ja nyt - kaikkien odottama hetki - 19. reikä!
Täällä ei ole griiniä, mutta kyllä tässäkin lipsah-
taa helposti kolme puttia... jos ei ole varovainen!
(yleisö nauraa)
Tänään 19. reiällä näin enemmän mailan heilut-
telua kuin kentällä. Ei silti, se yksi meidän se-
nioripelaaja yritti tilata caddien mukaan sau-
naan – sanoi, että "tääkin kuuluu green feehin!"
Toivottavasti kukaan ei nähnyt, kun kaadoin
drinkin pro shopin tiskille... mutta jos näki, niin
se oli taktinen siirto: näin saadaan ensi vuoden
kisaan uusi matto!
Lopuksi vielä vinkki ensikertalaisille: golfissa
tärkeintä ei ole se, mitä teet väylällä... vaan se,
mitä muistat väylän jälkeen. Reiällä 19 ei kukaan
muista bogeja - mutta ne muistavat kyllä, jos
tanssit housut nilkoissa karaokessa 'My Way'.
(yleisö repeää)
Kiitos kaikille – ja muistakaa: kentällä hiljai-
suus... mutta 19. reiällä saat huutaa 'fore!', jos
näet mun exän!"

***

Klubin saunassa keskusteltiin päivän kierroksesta.

Yksi sanoi:

"Tuli tehtyä birdie nelosella!"

Toinen totesi:

"Hienoa, minä tein grillin ykköstiille, kun en kestänyt enää odottaa!"

***

Kolmen vaikuttavan kansainvälisen golfarin kierros Sant Andrewsin Old Cource -kentällä on juuri päättynyt ja kolmikko on vetäytynyt jatkamaan peliä baarin puolelle.

Ajan mittaan jutut muuttuvat aina hurjemmiksi ja juomien vaikutus virtaa aivoissa. Englantilainen nousee ylös ja väittää:

"Tunnen Edinburgissa loistavan amatöörigolffarin, joka on tehnyt sata holaria ja viisi kertaa albatrossin, kaksi niistä jopa Par4-väylällä. Häntä parempaa amatööripelaajaa saa hakea."

Otettiin malja amatöörigolffarille.

Saksalainen nousee vuorostaan pystyyn:

"Meillä on Langer, Keimer ja monta muuta, mutta yksi on yli muiden. Nimeä en kerro, mutta hän harjoittelee joka ikinen päivä vähintään kymmenen tuntia ja on kehittynyt niin tarkaksi, että pystyy lyömään pallon ilmassa 300 metrin päässä olevaan puunhaaraan ripustettuun olut-tölkkiin lähes jokaisella lyönnillä.”

 Pientä epäuskoa, mutta maljat nostettiin.

Aikaa kuluu ja suomalainen nousee ylös pitäen kiinni pöydän reunasta ja laukoo:

 ”Meillä yksi Levanteri asuu Talin golf-kentän äärellä, ja Levanterilla on niin iso heppi, että se on kerättävä aina rullalle ennen golf-kierrosta ja sidottava tiukasti, jottei se pistä puntista ulos eikä haittaa svingiä.”

 Happamia ilmeitä, meniköhän ihan överiksi. Kohotettiin kuitenkin maljat.

Jonkin ajan päästä englantilainen taas nousee ja pyytelee hieman anteeksi liioitteluaan.

 ”Onhan se meidän amatöörimme hyvä, mutta ei sillä kai ole kuin muutama holari ja tuskin se on tehnyt yhtään albatrossia, ainakaan todistetusti.”

Saksalainen nousee myös ja virkkaa:

 ”Se meidän tarkkuusihmeemme kyllä osuu joskus tölkkiin, jos se asetetaan tarpeeksi lähelle ja harjoittelussakin on joskus pitkiäkin taukoja.”

Suomalainen kohottautuu ja selvittää kurkkua:

 ”Noh... ok... ei se Levanteri ihan siinä Talin kentän äärellä asu! Varmaan ainakin parin kilsan päässä...”

Tee (lausutaan tii)
 Ei, tässä ei keitetä teetä. Tämä on se pieni muovinen tai puinen tappi, johon pallo nostetaan. Tiillä aloitetaan reikä – ja toivotaan, että pallo ei lennä suoraan metsään.

Driver (lausutaan draiveri)
 Iso maila, iso ego. Tällä pamautat avauslyönnin kuin Thor vasarallaan. Mutta varo: mitä isompi maila, sitä suurempi mahdollisuus noloon sliceen.

Fore! (huudetaan fooooor!)
 Ei viittaa etuosaan tai tulevaisuuteen. Tämä on golfin oma hätähuuto – tarkoittaa "suojele kallista päätäsi!" Huudetaan, kun pallo uhkaa ottaa sivulennon kohti viatonta kävelijää tai pelikumppania.

Par (lausutaan paari)
 Golfkentän virallinen "näin monta lyöntiä pitäisi mennä" -luku. Eli se ihanne, jota harva saavuttaa ja kaikki väittävät melkein saavuttaneensa.

Bogey (lausutaan bogi)
Kun pelaat reiän yhdellä lyönnillä yli ihanteen.
Tunnetaan myös nimellä "se klassinen golf-tu-
los". Jos tämä toistuu, kannattaa etsiä mentaali-
valmentaja – tai parempi tekosyy.

Birdie (lausutaan böördi)
Kun pelaat reiän yhdellä lyönnillä alle parin.
Harvinainen lintulaji, joka saa pelaajan tuuletta-
maan kuin olisi juuri voittanut pelin. Pelaaja kai-
vaa esiin birdie-pullon, josta tarjoaa pelikave-
reille (yleensä konjakkia, väistyvä tapa).

Eagle (lausutaan iigeli)
Kaksi alle parin. Tätä tapahtuu harvemmin kuin
täydellistä säätä juhannuksena. Golfarin märkä
päiväuni.

Green (lausutaan griini)
Se kauniisti leikattu ruohoalue reiän ympärillä,
jossa putteri kaivetaan esiin. Tunnetaan myös
nimellä 'vihreä petollisuus' – näyttää helpolta,
mutta voi rikkoa sielun.

Putter (lausutaan putteri)
Maila, joka ei tee vaikutusta rangella mutta on
kuin kirurgin skalpelli pistäessään pallon vieri-
mään greenillä. Tai ainakin pitäisi olla. Todelli-
suudessa 'tilastollisesti surkein osa-alueesi'.

Handicap (lausutaan händikäppi)
Ei viittaa fyysiseen rajoitteeseen vaan siihen, miten paljon olet jäljessä ammattilaisista, jotka pelaavat ihannetulosta. Mitä pienempi luku, sitä kovempi pelimies. Tai ainakin kovempi suustaan.

Caddie (lausutaan kädi)
Henkilö, joka kantaa mailasi, lukee greeniä ja kuuntelee valituksesi – vähän niin kuin golfkentän terapeutti, personal trainer ja opas samassa paketissa. Mutta ilman juomapalvelua.

Green card (lausutaan griinkaardi)
Ei maahanmuuttolupa, vaan lupa golfkentälle. Tässä "kortissa" ei ole sirua eikä lähimaksua, mutta se tarkoittaa, että osaat sääntöjä, käyttäydyt kunnolla etkä tee greenillä lumienkeleitä mailalla.

Score card (lausutaan skorekaardi, tuloskortti)
Pieni paperi tai pahvinpala, johon kirjataan golfelämäsi ylä- ja alamäet (lyöntitulokset). Sisältää usein enemmän numeroita kuin matikankokeessa – ja joskus hieman luovaa kirjanpitoa kavereiden kesken.

Stroke play (lausutaan lyöntipeli)

Klassinen pelimuoto: lasketaan ihan kaikki lyön-
nit. Kyllä, myös ne puskasta, vedestä ja hermo-
romahduksen aiheuttamat. Ei armoa, ei piilotte-
lua.

Pistebogey (lausutaan pistebogi)

Golfversio bingosta. Saat pisteitä riippuen siitä,
kuinka hyvin pelaat reikään par-tulokseen näh-
den. Täydellinen pelimuoto niille, jotka haluavat
uskotella pelanneensa hyvin, vaikka tuloskortti
näyttää taistelukentältä.

Fairway (lausutaan feörvei, väylä)

Kentän "autostrada", suora ja siisti ruohoalue,
jonne pallon pitäisi mennä. Valitettavasti useim-
mat pallot haluavat hakeutua ihan muualle – ku-
ten pusikkoon, veteen, hiekkaan tai naapuri-
kenttään.

Rough (lausutaan raffi)

Kentän 'villilapsi'. Pitkää heinää, puskaa, piikki-
kasveja – paikka, johon pallo menee, kun olet ol-
lut epärehellinen golfjumalille. Pallo löytyy ehkä,
svingi ei.

Bunker (lausutaan bunkkeri)

Hiekkamonttua muistuttava ansa. Sinne päätyy
joko huonolla lyönnillä tai kohtalon oikusta.

Poistuminen vaatii enemmän tekniikkaa kuin viulunsoitto ja enemmän uskoa kuin horoskooppeihin.

Estealue (ent. vesieste)
Kaikki missä vesi, muta tai liskot asuvat. Täällä pallo ui, mutta pisteet hukkuvat. Voit yrittää pelastaa pallon – ja samalla kengät, sukat ja itsetunnon.

Out of bounds (lausutaan aut of baunds)
Alue kantän ulkopuolella, jossa mikään ei enää ole sääntöjen mukaista. Pallo on kadonnut yhteiskunnan ulkopuolelle, ja saat rangaistuksen ja lyöt uuden pallon toivoen, ettei sekin päädy ulos. Tunnetaan myös nimellä "Pelaajan Siperia".

Sääntörike
Golfissa rikot sääntöjä vahingossa – ja joskus vähän vahingossa tahallaan. Esimerkiksi: "Ai enkö saa siirtää palloa parempaan paikkaan?" No milloin saat milloin et, kysy tuomarilta.

Penalty (lausutaan penaltti)
Rangaistuslyönti. Eli bonuslyönti, jota et halunnut. Se ei tule suorituksesta vaan virheestä. Golf on siitä hieno peli, että virhe maksaa ja oikein tekeminen tuntuu lottovoitolta.

Fade (lausutaan feidi)

Kaunis, hallittu lyönti, jossa pallo kaartaa hieman oikealle (oikeakätisillä, vasenkätisillä kaartaa vasemmalle). Eroaa slicestä niin kuin käsintehty cappuccino eroaa automaattikahvista.

Slice (lausutaan slaissi)

Kun halusit tehdä faden, mutta sait slicen. Slice on kuin vahingossa lipsahtanut askel väärään suuntaan – ja tuloksena pallo naapuriväylällä.

Draw (lausutaan droo)

Pallon kaunis kaari hieman vasemmalle – kuin taidemaalarin siveltimenveto. Harvinainen ja haluttu lyönti, jota yleensä tapahtuu silloin kun tarkoitit jotain muuta.

Hook (lausutaan huukki)

Tämä ei ole Peter Panin arkkivihollinen, vaan rajusti vasemmalle kääntyvä pallo. Syntyy usein silloin, kun yrität näyttää kavereille, että "katso kun vedän vähän extraa tähän".
Muistisääntönä siis vasemmalle on huukki, oikealle on slaissi ja suoraan on ihme,

Mulligan (lausutaan mullikaani)

Jo aiemmin mainittu rakas ystävä aloituslyönnissä – eli salainen uusintalyönti ilman rangaistusta. Käytetään usein silloin kun kukaan ei katso. Virallisesti ei sallittu. Epävirallisesti – tosi sallittu.

Pro (lausutaan proo)
Ammattigolfari ja golf-opettaja. Tietää kaiken golfista. Tyyppi, joka tekee kentällä asioita, joita tavallinen pelaaja ei edes unissaan kykene. Myy myös draivereita golfliikkeessä, mutta osaa itse oikeasti lyödä niillä suoraan.

Pelaa kevyesti huumorilla

➢ *Pelisi sujuu paremmin ja ainakin rennommin*

➢ *Nautit itse enemmän omasta pelistäsi*

➢ *Muutkin nauttivat peliseurastasi*

Hauskaa peliä!